媒介融合下
新闻传播的创新发展

王鲁美 著

吉林文史出版社
JILIN WENSHI CHUBANSHE

图书在版编目（CIP）数据

媒介融合下新闻传播的创新发展 / 王鲁美著. -- 长春：吉林文史出版社，2022.9

ISBN 978-7-5472-8895-5

Ⅰ. ①媒… Ⅱ. ①王… Ⅲ. ①新闻学—传播学—研究 Ⅳ. ①G210

中国版本图书馆CIP数据核字（2022）第178218号

MEIJIE RONGHE XIA XINWEN CHUANBO DE CHUANGXIN FAZHAN

媒 介 融 合 下 新 闻 传 播 的 创 新 发 展

著 者	王鲁美
责任编辑	梁丹丹
封面设计	皓 月
出版发行	吉林文史出版社
	（中国·长春市福祉大路5788号）
邮政编码	130118
网 址	www.jlws.com.cn
印 刷	长春市华远印务有限公司
开 本	787毫米×1092毫米 1/16
印 张	10.5
字 数	154千
版 次	2023年1月第1版第1次印刷
标准书号	ISBN 978-7-5472-8895-5
定 价	49.00元

前 言 *PREFACE*

信息技术的不断发展，使传统新闻媒体受到一定冲击，也为媒介融合奠定基础，媒介融合逐渐成为新闻行业的热门词语。媒介融合背景下，加强对新闻传播发展的分析，不仅有利于传统新闻行业发展，也能促进我国新闻媒体行业不断创新和优化。

本书以"媒介融合下新闻传播的创新发展"为选题，探讨相关内容。全书共分为六章：第一章是媒介融合的内涵与概述，内容包括媒介融合的内涵与外延、媒介融合的特征表现、媒介融合的常见形态、媒介融合发展的历史脉络；第二章分析新闻传播，内容涵盖什么是新闻、新闻传播的本质与原则、新闻传播的功能、新闻传播的过程；第三章解读媒介融合下的新闻传播，内容涉及媒介融合理念对新闻传播的影响、媒介融合下新闻传播的效应、媒介融合下新闻传播的创新发展；第四章论述媒介融合下的新闻传播形态，内容包括报纸媒体融合传播、广播电视媒体融合传播、网络媒体融合传播、移动媒体融合传播；第五章研究媒介融合下的"新闻+政务+服务"模式，内容涵盖"泛内容"发展新定位下的"新闻+"战略、"新闻+政务服务商务"模式的创新尝试、"新闻+政务服务商务"模式的应用提升；第六章探索全链条媒体深度融合发展，内容涉及构建全媒体传播体系，形成四级融合发展布局；全力打造传媒生态环境；打造融媒体时代的品牌传播、元宇宙与虚拟现实技术下的新闻传播发展。

本书体系完整、视野开阔，层次清晰，借助通俗易懂的语言、系统明了的结构，介绍了媒介融合、新闻传播、"新闻+"等相关内容，并在理论知识的基础上研究媒介融合下新闻传播的创新发展。本书具有一定的参考价值，可供读者参考。

笔者在撰写本书的过程中，得到了许多专家、学者的帮助和指导，在此表示诚挚的谢意。由于笔者水平有限，加之时间仓促，书中所涉及的内容难免有疏漏之处，希望各位读者多提宝贵的意见，以便笔者进一步修改，使之更加完善。

目 录 *CONTENTS*

第一章 媒介融合的内涵与概述

第一节 媒介融合的内涵与外延

媒介是一种科技开发，扩大了传播通道、拓展了传播范围，提高了传播速度。媒介主要就是指在公众传播媒体过程中，通过传播双方的直接沟通与获取交流信息等来进行媒体传播的各种渠道。随着信息时代，互联网、移动互联、万物互联等网络平台渠道在5G技术加持，带来了媒介生态变迁，使媒介融合的发展成为必然。媒介融合是现代媒体发展与变革过程中的主流趋势，它给很多行业带来了新的生机。

一、媒介融合的起源

媒介融合的产生，源于20世纪70年代中叶计算机和网络的发展。1978年，美国麻省理工学院的尼古拉·尼葛洛庞帝（Nicholas Negroponte）用一个图例演示三个相互交叉的圆环趋于重叠的聚合过程，这三个圆环分别代表计算机工作、出版印刷业和广播电影业（图1-1）[①]。他提出的不同工业正在走向融合的远见得到了商界的青睐，获得了数百万美元的赞助，得以于1985年创办了后来声誉卓著的媒体实验室。他以超前的观念，提出了融合的方向，对人们开始以融合的角度来关注传播形态的发展起到先驱的作用。

---

① 曹漪那，付玉杰. 从尼葛洛庞帝"三圆交叠"说看媒介分化 [J]. 西南民族大学学报（人文社科版）2009，30（12）：223.

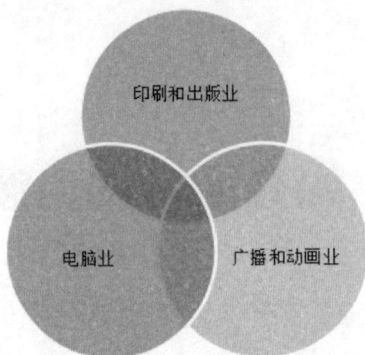

图1-1 尼葛洛庞帝的"三圆交叠"

1983年，美国传播学者伊契尔·索勒·普尔（Ithiel De Sola Pool）在其著作《自由的科技》（自由技术）提出"模式的融合"（模式的趋同）概念，意指各种媒介呈现多功能一体化的趋势，认为发生在点对点传播（通信、电话、电报）和大众传播（报纸、广播、电视）之间。

美国学者安德鲁·纳齐森（Andrew Nachison）提出"融合媒介"的概念，"印刷的、音频的、视频的、互动性数字媒体组织之间的战略的、操作的、文化的联盟"。此时，"媒介融合"的概念已表明，媒介融合是一种正在"模糊媒介间界线"的过程，强调媒介之间的合作模式，并且将会以此产生媒介重构。

美国鲍尔州立大学（Ball State University）的戴默（Lori Demo）等几位学者在论文——《融合连续统一体：媒介新闻编辑部合作研究的一种模式》中提出"融合连续统一体"这个新概念，具体包括交互推广、克隆、合竞、内容分享、融合等不同媒介融合层面。

二、媒介融合的含义

广义的媒介融合包括一切媒介及其有关要素的结合、汇聚甚至融合，如技术、内容、文化、体制等，不仅包括媒介形态的融合，还包括媒介功能、传播手段、所有权、组织结构等要素的融合。狭义的媒介融合是指将不同的媒介形态融合在一起，产生质变，形成一种新的媒介形态。源于"一种媒介有自我转换为另一种媒介的功能"的观点，并强调媒介融合的形态、过程、渠道。本书认为，我们应该从广义的范围来定义媒介融合，即媒介融合是指媒介产业在媒介形态、媒介功能、传播手段、资本所有权、组织结构等要素方面所进行的聚合和演进。它既指代这些要素相互融合的过程，也指代新闻生产过程的融合，同时也指代新闻产品以文本、声音、图像、视频、数字等形式呈现出来的信息服务方式的融合。

在数字技术和网络技术的背景下，以信息消费终端的需求为指向，向内容融合、网络融合和终端融合所构成的媒介形态的演化过程。媒介融合涵盖由技术基础到产业高度的"技术融合"到"业务融合"再到"产业融合"，也可以把信息生产流通过程作为产业链看待的"内容融合"+"网络融合"+"终端融合"囊括在内，成为媒介生态系统的五界融合。

从系统论视角看，媒体融合是一项复杂的系统工程，是一个不断演进的动态过程，要取得实质性的进展，必须从运作模式、生产方式、操作手法进行系统变革，必须从体制机制、组织结构、盈利模式进行综合转型。

三、媒介融合的融合进程

随着研究的深入，人们对媒介融合不再局限于概念这一层面，进一步提出了媒介融合的内涵与外延。媒介融合从本质上讲，是打破了原有的传播秩序，在传播链中的各个元素间，重新建立各种复杂、多变的新的链条，为传播实务和研究的发展提供无限可能。因此，媒介融合分为技术、产业、受众和组织管理四个层次，融合进程开始于技术层面，然后发展到媒体行业，并作用于消费者、媒介管理机构。

（一）媒介技术融合

以数字化、网络化技术为支撑的技术融合是"媒介融合"这一概念的所有内涵中最为本质的一点，是媒介融合的依据，它可细分为三方面：

其一，信息源融合。信息源融合是指基于数字化技术的应用，任何媒介类型的任何内容及表现形态均可转换为符号化的"0""1"来进行存储和传输，这意味着作为信息源的符码是相对一致的。这为媒介边界的模糊甚至消解提供了可能，为不同媒体的信息内容在同一网络平台上的传输与分发奠定了技术基础。

其二，传输渠道融合。传输渠道融合是指基于网络化技术的普遍运用，以往不同媒介类型、不同形态信息内容的传输信道由单一性、差异化走向互动联合，从而形成具有共通性、兼容性的多媒体网络传输平台，对媒介内容进行集成和分销。从目前来看，信息传输渠道主要有广播电视网、互联网、电信网三种，而且三网融合也在逐步推进，进而形成多媒体、多渠道融合传输的模式。

其三，接收终端融合。接收终端融合是指在数字化、网络化技术的推动下，媒介消费者所使用的信息接收终端设备，即信宿，呈现出多种功能融于一体的特征，并"以一种开放的终端平台将信息和服务传递给使用者"。具体的终端类型，如数字电视一体机、互联网电视机、个人电脑、手持多媒体终端等。

（二）媒介业务融合

随着媒介技术的革新与融合，各类传播媒介在行为、目标等业务实践层面的交叉愈加频繁，这使得媒介业务也逐步走向融合。具体而言，媒介业务融合可细分为以下四方面：

其一，业务形态融合。承载着媒介信息的文字、图片、音频、视频等不同的媒介形态，融合为多媒体形态，从而使信息内容的叙事形式实现融合。

其二，业务技能融合。业务形态的融合要求传媒从业者所掌握的技能也趋于多方位甚至全方位发展。职业技能的融合是传媒从业者在媒介融合时代必须面对的现实。

其三，业务战术融合。除业务形态与从业者业务技能的融合外，战术上的融合同样是媒介业务融合的重要内容。战术融合，通常指不同所有制下的报纸、广播、影视、互联网等媒体之间在具体内容和营销管理等领域的通力合作，如在业务经营方面的联合营销战术等。

其四，业务战略融合。战略融合通常是不同的媒介机构在更高层次、更长远意义上的发展战略层面的互动与联合。

（三）媒介所有权融合

媒介所有权融合是指不同媒介在融合、兼并过程中实现的所有权的集中，并在此基础上组建相对较大型的传媒集团，从而充分整合媒介资源，降低媒介运营成本，增强信息传播效益，打造媒介整体与核心竞争力，以此来应对国内外媒介市场的激烈竞争。所有权的融合，是媒介行为主体的融合，是媒介融合的内涵中层次最高的一点。

媒介所有权的融合，既包括传媒领域内部各媒介机构之间的所有权融合，也包括传媒机构通过跨行业、跨领域发展，与其他领域内的相关机构所形成的所有权融合，如传媒业与电子产业、电信业等领域的所有权融合。

（四）媒介政府规制融合

媒介政府规制融合在媒介融合的进程中占据着重要地位，它是媒介融合的重要外部环境之一。积极的、面向媒介融合的政府规制会有助于媒介融合的顺利发展。媒介政府规制融合包括以下三方面内容：

第一，规制法律融合。这是媒介融合时代政府规制的根本依据。融合媒介的大量涌现，必然需要有新的融合性法律法规与之相匹配，以使其行为有章可循，有法可依。

第二，规制机构融合。面向媒介融合的规制需要融合的规制机构。为了满足面向融合的规制需要，即将原来不同的规制机构合并成一家新的规制机构。

第三，规制行为融合。有了面向融合的规制法律和规制机构，面向融合的规制行为就顺理成章了，这将大大加快媒介融合的发展。

四、传媒行业发展迎来媒介融合的趋势

（一）资源共享，集约化经营

媒介融合可以降低传媒行业的成本，提高传播的速度，扩大市场，获取较大的社会效益和经济效益，同时还可以在具体地域内强化交互媒体的品牌效应。因为传媒行业在媒介融合的推动下，可以发挥协同效应，使不同媒体实现互动和整合，将同样的信息通过不同的形式，包装成适合不同媒体的产

品，一物多用。

（二）优势互补、形成舆论合力

媒介融合，可以促使各媒介之间相互借鉴彼此的优点和经验，从而最大限度地扩大传播的效果，形成舆论的合力。各媒体充分利用各自的传播优势，进行立体报道，达到舆论合力，这是媒介融合的目标之一。

电视能够通过栩栩如生的动感画面和快捷性的长处，使观众尽快得到初步的、鲜明的、直观的感性认识；报纸克服电视瞬间性的缺陷，利用报纸能反复阅读，具有稳定性的文字报道和犀利评论的特点，引导读者深入思考；网络能实现时时在线、无穷链接，满足受众即点即看、不受时间和空间限制的愿望。媒介融合既发挥了各自的特长，又交叉互补，弥补了各自的不足和局限性，从而扩大了传播的深度和广度，形成立体报道的舆论合力。

（三）信息传递更迅捷，受众的覆盖面更广

报纸新闻是静态传播、平面传播的，无法倾注视听感受。但报纸的内容通过广播、电视传播，就增加了视觉、听觉特征，调动了观众记忆的多维空间、多感官的参与，变得直观、生动而便于记忆犹新。同时，对那些交通不便的边远地区的报纸读者或者是不方便阅读报纸的人来说，通过广播电视了解最新信息，弥补了当天不能看到报纸的不足。交互式网络电视、手机视频软件，可以使那些流动性较大的受众通过随身携带的终端，收看不同的节目；在线广播能够使人们坐在家中通过电脑就可以收听到全国甚至全球的电台节目，彻底打破了广播频率的限制。

（四）充分满足受众个性化的需求

随着传媒受众个性化的特征越来越明显，媒介已经进入"分众化时代"①。传媒受众更喜欢小众和个性化的信息服务，媒介融合确立了受众主体地位。

媒介融合之后，可以根据不同受众对新闻内容和形式的偏好，制成不同

---

① 在分众化时代，受众的注意力作为一种不可再生和复制的准天然资源成了市场追逐的对象，分众化传播成为优化信息、规避信息同质化、实现传播效果最大化的重要手段。

类型的产品供他们选择，有效避免传统媒体的同质化现象，以满足受众的个性化需求。如同一新闻事件，我们可以先用最快的速度和最简洁的语言从互联网或无线短信中发出，以满足那部分生活节奏快而只需了解事实梗概的受众；然后将载有对新闻事件及相关背景详细介绍的报道见诸报端，这也许是时间较为充裕而对事件的经过有浓厚兴趣的读者的最好选择；而制成生动直观的电视节目向观众娓娓道来，可吸引更多的观众。

总之，技术打破了媒介间的壁垒，为不同的传媒提供了资源整合的平台和基础。随着媒介间的关系越来越密切，使媒介融合成为传媒行业发展的必然趋势。

第二节　媒介融合的特征表现

媒介融合的多元化构成跨学科领域的知识谱系，媒介融合在逐步向更深层次发展的过程中，表现出鲜明的传播学特征。

一、媒介融合的技术先导性

传媒发展是技术进步直接推动的结果，正因如此，媒介融合所产生的媒介新形态也必然建立在技术发展的基础之上。电子技术的出现和进步造就了广播电视媒体的兴起和繁荣，网络技术、移动通信技术、数字技术不仅直接创造出网络媒体、手机媒体等新兴媒体形态，更进一步将各种既有媒介连接贯通，造就具备融合特性的新媒体。

技术对媒介融合的推动作用突出地表现在新媒体上。以数字技术为例，作为新媒体的基础技术，它也是推动新媒体与其他媒体融合最关键的技术形式。正是由于数字技术的这种虚拟性和建构性，才使得采用数字技术的各种新媒体形态能够相互交融、互相贯通。网络技术也具有同数字技术一样的虚拟性和建构性，无论何种媒介，只要采用相同标准的网络技术，都能够实现互联互通。

二、媒介融合的系统性

系统性，是指媒介融合是一个多维度、逐渐拓宽和纵深的系统化过程。媒介融合的系统性主要表现在三个方面：

第一，媒介融合是多维度的，且各维度之间具有紧密的联系。媒介融合是随着媒介技术的发展而不断向纵深发展的。在传统媒体时代，媒介融合仅指不同媒体内容之间的相互借鉴、相互融汇，这只能看作是媒介融合的初级阶段，甚至不能算作真正的内容融合。随着媒介技术的进步，尤其是以数字技术为代表的新媒体技术出现，媒介融合才开始向纵深发展，在技术融合的推动之下，内容接收终端也不断融合出新，新的媒介形态不断涌现，由此也进一步带来电信网、互联网、广电网的相互融合。

第二，媒介融合还是一个由弱到强、由表及里的历史性过程。无论是传统媒体时代初级阶段的媒介内容融合，还是新媒体兴起之后真正意义上的媒介大融合，其过程都不是一蹴而就，而是循序渐进的。首先是技术的融合与创新，以及初级阶段的内容移植；在此基础上催生出各种新的媒介形态，为了适应不同媒介形态的传播特点，内容融合也开始由初级阶段简单的剪切和移植向更高水平的内容创新转型；随着技术融合的进一步发展，不同的媒介形态又将成熟、裂变、融合，终端融合随之而来；而技术融合、终端融合的保障和支持以及内容融合所造成的巨大信息传输压力，势必会将不同网络的互联互通提上议程，网络融合便成为媒介融合的又一维度；网络的互联互通又进一步对技术、终端和内容提出了更高层次的融合要求，如此循环向前，媒介融合也就组成了其不断纵深发展的生态链条。

第三，媒介融合的系统性还表现在其多层次、立体化的影响力上。媒介融合不仅对媒介形态、传播内容、传媒产业有着深刻影响，还能改变受众或用户的媒介使用行为；此外，媒介融合除了能影响媒介及其传播过程和产业结构，还有其独特的社会功能，对整个社会环境系统影响重大。

三、媒介融合的选择性

当今，媒介融合已然是整个媒介生态的发展趋势，也成为媒介研究不可忽视的时代背景。然而，媒介融合是有其规律性，这种规律性就显著地体现在不同媒介融合的选择性上。媒介融合所应有的选择性不可忽视，这种选择性根植于不同媒介的特性之中，是决定媒介融合顺利与否的关键因素。

从当前的实践来看，媒介融合大体上可分为两种：一种是具备相同特性的媒介"组装"在一起，这种融合大多是为了携带、使用上更加便捷，其重点并不在于拓展媒介功能，比如将报纸与广播相融合，将收音机模块直接嵌入手机中等；另一种则是具备不同特性的媒介"组合"在一起，其意义在于媒介功能的互补，最终起到拓展媒介功能的作用。显然，相较于前者，后者更符合媒介融合的题中之义——媒介融合的重要思路之一，就是它是强化媒介的性质，分门别类地利用它们的性质，形成功能互补。

四、媒介融合的内容多媒体化

媒介融合的内容多媒体化是指在媒介融合的背景下，媒介制作、生产的内容资源能够且必须适应多种不同媒体的传播特点或发布要求。媒介内容的多媒体化既是媒介融合的基本特征，也是媒介融合对媒介内容的基本要求。

媒介融合过程中的技术创新为媒介内容的多媒体化提供了技术支撑和硬件支持。在媒介融合的大背景下，以数字技术为核心的新媒体技术不断创新，催生出新的数字媒体平台，从而能够将所有内容资源都集纳到这一平台之上，进行统一整合、加工，为媒介融合提供内容资源基础。

除了技术融合所提供的拉动作用，媒介内容的多媒体化在很大程度上还是媒介融合给媒体带来的市场竞争压力的产物。随着媒介融合的不断深入，各种新的媒介形态和媒介实体不断出现并迅速发展。"内容"作为传媒业的稀缺资源，在媒介融合的时代背景下更具稀缺性。在媒介融合的过程中，内容资源的稀缺性不仅体在多个（种）媒介瓜分有限数量的内容资源，更体现在同一内容资源需要被发布到不同的媒介平台。如此一来，内容资源的制作主体就需要在对信息进行编码时就考虑不同媒介平台的传播特点，使内容产品能够适应多媒体传播的要求。

媒介融合所带来的媒介内容的多媒体化，造成内容生产分工的精细化；而内容融合所带来的各内容生产环节之间的高度关联性，又增加了每一个生产主体在产业链中所扮演的角色。可以说，在媒介融合背景下的媒介生产活动就是一个不断平衡细分化的角色分工与高度关联的生产环节之间关系的过程。在这一背景下，媒介内容的生产者必须具备较高的职业素养，才能适应媒介融合所催生的精细、复杂的媒介生产流程。

第三节　媒介融合的常见形态

一、媒介融合的内容融合

内容融合，就是将不同媒介形态的生产依托数字技术形成跨平台、跨媒体的使用，利用数字化终端，形成多层次、多类型的内容融合产品。由于消费者对内容消费的规模化需求，同时数字化技术提供了大规模内容生产的可能，因此产生了以内容产业作为生产形态的融合性生产，从而形成了内容融合。

（一）媒介融合的内容融合成因

在以数字技术为基础的现代信息技术的推动下，内容的形态可以得到统一，规模化的信息内容生产应运而生。内容生产有可能独立于传统的各种传媒机构之外而形成独立化、规模化、专业化的内容生产，满足广大受众日益高涨的信息内容需求，从而形成内容融合。

现代信息技术使信息内容的表述通过数字化技术得以统一，使内容的融合成为可能，这是内容融合产生的决定性因素和必要条件。此外，激烈的市场竞争、广大受众的要求和政府相关政策的转变都对内容融合的产生起到了巨大的推动作用。

1．现代市场需求的引导

现代传播技术使信息内容实现规模化生产，从而带来海量的信息内容产品，并通过各种媒介终端将这些信息内容产品传递到受众面前；同时由于新的传播模式打破了传统媒体所固有的时空限制，受众在信息获取方式上的自由度也随之提高，多样化、便捷性成为人们追逐的目标，这也在信息数量和受众信息获取方式上体现了市场需求对内容融合的促进作用。

（1）信息数量需求。新媒体技术使内容的规模化生产成为可能，这极大地刺激了消费者潜在地对内容的规模化需求。

（2）信息获取方式需求。由于现代传播技术的产生和发展，信息内容无论在数量上还是在形式和种类上都大幅增长，人们处在一个被信息包围的世界中。无论作为传统媒体还是新媒体都应该注意到这种变化，哪些媒体能够在这种变化中开发出新型的信息形态、新兴的传播方式，哪些媒体就可以获得更多受众的关注和青睐，从而获得更多的市场份额，在竞争中获得有利的地位。

2．现代技术的推动

（1）信息内容的数字化处理。当今时代是信息化时代，而信息内容的数字化处理也越来越为人们所重视。以前我们在处理信息内容时，总是根据信息内容的种类和形态分门别类地进行，彼此互不交叉。例如，在处理平面信息内容时通过文字和平面印刷来进行；处理声音、影像信息时通过声音、影像的录制、后期编辑来进行。这就使信息内容的处理彼此产生了分离，也就形成了目前各自独立的媒介形态单独生产信息内容的局面。而计算机的应用则使信息内容的处理方式进入了一个崭新的时代。计算机技术投入信息内容的生产环节之后，为我们提供了一个统一处理各种类型信息的共同平台，在这个平台之上，原先分离的媒介形态的信息内容生产可以共同进行，从而实现信息共享、资源互通。这主要依赖于计算机技术在两大方面的不断进步：

第一，半导体技术提高计算机硬件处理能力。随着半导体技术的飞速发展，计算机的体积不断缩小，性能不断提高。特别是自20世纪七八十年代开始，半导体技术的发展日新月异。同样面积的电脑芯片上集成的晶状体管的数量每隔18个月会增加一倍，也会将芯片的处理速度和处理能力提升一倍，而成本则会降低一半。随着这种技术的进步，计算机的信息处理和信息存储能力都大幅提高，使计算机的普及应用和参与信息处理特别是多媒体信息的处理成为可能。最终计算机成为一种被大众广泛使用的生产和处理信息的公共平台。

第二，软件技术优化人机交互的信息生产环境。半导体技术的提高使计算机成为信息生产和处理的平台，但人才是信息内容的生产者，如何才能使人们在简单、直观的界面下使用计算机进行信息的生产和处理是计算机信息处理的另一个重要问题。

近年来，计算机的软件环境越来越人性化、智能化，人们不需要掌握较多的计算机知识也可以轻松完成信息的生产和处理，使计算机信息处理的广泛普及成为可能。

（2）信息内容的快速存储和检索。随着计算机技术在信息生产和处理领域的广泛应用，信息内容的数量和形态都大幅度提高，这就需要我们找到一种可以便捷、快速地存储这些信息内容的方法。传统媒体在生产出大量信息内容的同时，又需要大量空间和设备来存储这些信息内容，无法实现信息资源的快速共享。如平面媒体的信息内容以纸质形式存储，广电媒体的信息需要添置另外的设备才能进行存储，均需消耗大量的额外资源。此外，其所保存的信息内容也无法被方便地检索，使内容融合所需的大规模信息资源共享无法实现。

随着数据存储技术的发展，不同形态的信息被数字化以后可以存储在大容量的数字存储设备中，这种存储设备存取速度快、体积小巧、容量巨大，非常适合大容量的信息数据保存，为信息内容融合后产生的海量信息数据提供了良好的存储空间。

内容融合将导致信息内容的大量增加，如何管理和使用这些信息非常重要。20世纪六七十年代，数据库技术的出现使人们找到了一种高效管理这些存储的信息内容的方法。通过各种类型的数据库系统，我们可以按照各自的需求进行信息的输入、修改、删除、检索等，极大地提高了信息内容的管理效能。特别是随着网络技术的发展，网络检索技术和网络数据库技术在为我们提供了一个近乎无限容量的信息存储空间的同时，也为我们提供了一个高效的检索信息内容、共享信息资源的统一平台。通过这个平台，可以随时、随地以各种形式来收集、管理、汇总和检索信息内容，为内容融合所需的大规模内容生产提供了一个良好的信息内容管理平台。

（二）媒介融合的内容融合形式

内容融合主要包括内容生产融合、内容形态融合和内容应用融合。导致内容融合产生的因素主要包括技术的推动、市场的引导、竞争的压力和政策的促进。内容融合的基本形态又包括内容形态融合、媒介载体融合和技术属性融合。内容融合的产生促进了内容产业的出现，改变了传媒产业链的结构，对传统媒体产生巨大影响。如三网融合的成因可以从技术、市场、竞争和政策等层面去考量；三网融合的基本形态包括技术融合与产业融合。此外，由于三网融合强大的产业链影响力，广电产业、电信产业、终端设备生产产业等相关产业都发生了深刻变革。

1. 媒介融合的内容生产融合

在数字技术和网络技术日趋成熟的条件下，信息内容的制作和传播可以在一个共同的平台——互联网络平台上进行，所有的信息内容可以实现全天候、全方位的完全共享。原来各传播实体单独加工生产信息内容的情况将不复存在，取而代之的是信息内容的集成生产。独立的内容生产使信息内容生产更具专业性和规模性，这极大地改变了传统媒体产业链的结构，从而导致独立的内容产业的形成。

2. 媒介融合的内容形态融合

在传统的传媒产业中，由于信息的内容是各个传媒实体单独生产的，所以具有各自的独立形态，如广播媒体主要是以声音为主的广播节目，而电视媒体主要是包含音视频的电视节目。他们之间互相独立，彼此似乎没有任何联系。但如果我们剥开这些独立的信息内容形态的外衣，就可以看到其实质内容都是信息本身。原来的文本、图片、图像、动画和声音都可以转化为统一的数字形态，并且可以方便地进行转换。这使信息内容的形态得到了统一，为原先分属于不同传播实体的内容形态的融合提供了先决条件。

3. 媒介融合的内容应用融合

随着数字技术、网络传播技术的不断发展，人们获取信息的方式也发生了巨大变化。

（1）现代化的传播技术使信息的种类、数量、形式都迥异于前，内容产业的出现也使信息内容越来越丰富，信息内容的形式也越来越多样化，信息的形态、数量都以几何方式迅速增长。当前已经进入到一个信息爆炸的时代，单一形式的信息内容已经无法满足人们日益增长的对信息内容的要求。

（2）各种多功能一体化的数字终端出现在人们身边，这种数字化终端的出现可以使广大受众在任何时间、任何地点以任意方式获取和使用信息，从而满足受众对信息内容规模化的要求。这些都极大地促进了信息内容在使用上的广泛融合。

（三）内容融合推动传统媒体变化

1. 内容主导

随着传播技术的发展，信息内容的数量和形式都有了极大的增长，内容的稀缺性已经不复存在。传统媒体为了适应这种新变化，在内容的形态上开始向数字化方向发展，在内容的数量上向规模化方向发展，在内容的生产形态上逐步与数字技术相融合。这种融合经历了一个渐进的发展过程，最初传统媒体在内容生产中加入数字化元素只是为了满足广大受众对信息内容多媒体化的需求，以后随着传播技术、网络技术的不断发展，特别是内容的生产已经可以与传统的传播渠道相分离，传统媒体越来越感到内容占有的重要性。

要真正做到"内容为王"，需要从以下三个方面入手：

（1）坚持内容生产的原创性。传统媒体在相对较长的发展过程中，已经形成了一套完善的内容生产机制，又有着具备高度专业能力的内容生产团队，可以获取信息内容的第一手资料。这些都可以很好地保证内容生产的原创性。

（2）保持内容生产的独特性。传统媒体依靠其雄厚的资金能力，拥有最为先进的内容生产技术设备，也拥有一支专业化的技术团队，通过与数字技术的融合，可以将其生产的信息内容包装成各种不同的形态，满足广大受众对信息内容的个性化需求。

（3）保证内容生产的实用性。传统媒体在长期的发展过程中，由于政策的引导，具有较高的可信度，也拥有较多的受众，人们更相信传统媒体所提供的信息内容，习惯于从传统媒体获取信息。这就使传统媒体所生产的信息具有更大的实用价值。

通过以上三点，我们可以看到，与新兴的传播媒介相比，传统媒体在信息内容传播时间的灵活性和传播空间的广度上不具有特定的优势，而在信息内容的生产方面却具有得天独厚的优势。因此在内容融合所带来的信息内容大规模生产中，传统媒体在新兴的传媒产业链中更加适合以内容拥有者的角色出现。

2. 提高内容交互性

传统媒体内容的特征是单向性，是通过单向的方式传递给受众，而在网络技术和数字技术的平台上，新的另一大类型的内容涌现出来，并占据重要的位置，即"交互性内容"。

（1）直接交互。直接交互[1]是对信息内容生产的彻底改变。过去传统媒体生产的内容都是以单向形式传播给受众的，是一种由点到面的传播方式。直接交互式的内容生产将信息传播的方式改变为网状结构，在整个信息内容传播过程中信息以点到点的方式进行传播，大大地加快了信息传播的速度，拓宽了信息传播的空间，同时也深化了信息的内涵。

（2）间接交互。间接交互是指受众和内容生产商共同完成内容的生产。在这一过程中可以明确地划分出内容生产者和受众，其中内容生产者居于内容生产的主要地位，但受众的参与对内容的生产也起着举足轻重的作

---

[1]　直接交互是指在信息内容的生产过程中，无法区分谁是生产者，谁是受众，两者在内容生产的过程中没有明确界定，并且其身份也是可以随时发生变化的。

用。间接交互一般有两种方式：

第一，由内容生产商构建基本内容框架，受众在框架的基础上进行内容的填充和修饰，内容生产者要负责内容的管理与审核。以网络论坛为例，作为内容生产者的网站要确定论坛的主题，创建论坛的结构，并对论坛进行相关的管理；论坛用户可以在论坛的构架之内进行内容的创建和交互。

第二，内容生产商根据受众的要求完成内容的生产，这主要包括两种形式：定制与点播。

定制：定制是用户根据自己的需要和喜好，向生产商提出对产品的相关要求，再由生产商按照这些要求进行产品的生产加工。定制可以有简单定制和高级定制两种方式。简单定制就是用户只是针对所需产品提出自己的要求，而不参与产品本身的生产。如手机报，用户根据自己的兴趣爱好，向手机报发行者提出自己所需的信息内容的种类和形态，发行者根据用户的要求将相关信息内容进行整理、汇总，编辑出相关的手机报内容，再以特定的形式发送给用户。高级定制是用户在向生产者提出要求的同时，也参与产品的生产。如网络春晚，由网民通过票选决定节目创意、演员、导演和主持人，受众和传统媒体共同完成晚会的设计和演出。

点播：点播是一种单向的交互方式，是用户对已有内容的交互式使用，而不参与内容的创建。如各种电台的点歌节目和IPTV[①]中的视频点播就属于这种内容交互的方式。

3. 内容生产突破了时空限制

内容融合的生产方式可以很好地适应这种变化，报业与网络结合后形成的网络报纸，其内容生产不必再考虑版面的限制，网络的超链接方式可以突破传统的版式和容量制约，以立体的网状形式来进行内容生产；广电业与网络结合后形成的网络广播和网络电视，不再受线性传播方式的制约，不仅可以让广大受众听到、看到即时的现场信息，还可以将这些信息产品存储起来

---

① 交互式网络电视（Internet ProtocolTV or InteracTIve Personal TV, IPTV），是一种利用宽带有线电视网，集互联网、多媒体、通信等多种技术于一体，向家庭用户提供包括数字电视在内的多种交互式服务的崭新技术。

供受众在任何时间、任何地点点播浏览。

内容融合的一个基本原则就是让内容适用于任何时间和空间的需要，即内容的生产、集成、应用都要考虑如何交互、立体地最大化满足用户的需求。传统媒体采用线性传播方式，受到时间和空间的限制，而基于数字技术的内容生产可以让受众在任何时间和地点得到自己想要的内容，并参与内容的生产和传播之中。

4. 增加内容产品的附加值

传统媒体所生产的内容产品是和传统传播渠道捆绑在一起的，一直以来这些信息产品没有独立地出现在流通领域，这严重阻碍了信息资源的流通和共享，造成大量信息资源的浪费。随着内容融合的出现，内容生产作为传媒产业链中的一个独立环节，其产品不仅可以以独立的商品形式出现，其附加值也可以使其产生增值效果。

传统媒体在内容生产过程中拥有了大量的内容资源和相关资料资源，但长期以来，这些宝贵的资源并没能得到充分的利用。如何能够管理好、利用好这些宝贵的信息资源，使其能够在内容生产中发挥出最大效能，是各个媒介在内容生产时要特别关注的问题。由此，各种信息资源管理系统应运而生。

数字资产管理主要应用于新闻媒体、图书出版、娱乐服务及政府医疗等行业，又称媒体资产管理。集中的数字资产管理可以有效地提高生产效率，降低成本。对于为社会提供大量新闻信息的媒体行业来说，这样的需求就更为迫切。从20世纪90年代起，国外的媒体企业开始建立DAM系统，以便利用IT技术实现数字化新闻信息的有效管理、利用，为企业资产的保值、增值提供信息化手段。

传统媒体在生产完内容后，往往将其产品输送给单一的媒介端口。而随着媒介融合的发展，媒介产品的输出端口越来越丰富，同样一个产品生产后可以通过电视、DVD、网络等多个窗口输出，这就是"窗口效应"[①]。

---

① "窗口效应"在其形成初期主要表现为内容相同，而只是媒介载体不同，后经过发展，成为在一个品牌之下，生产出多种不同的产品形态。如一部电影，可以开发出同样名称的网络游戏、动漫书、玩具、音乐、娱乐等，即传媒产业链与传媒业之外的产业的融合。

（四）内容融合的发展

内容融合产生了内容生产企业，促进了内容生产的规模化，带动受众参与内容生产，扩展了内容生产和其他物质生产的进一步交融。

1. 内容生产的规模化

随着数字技术和网络技术的发展，受众不再满足于定时定点地获取传媒产品，对传媒产品的需求无论是在内容的数量上还是形式上都更加广泛。面对这种信息内容在数量和形式上的增长，数字化技术打破了传统媒体所固有的生产平台，在以计算机技术为基础的数字化平台上，原来互无关系的模拟信息转变为统一的数字信息。这些变革都导致了一个结果，那就是内容产业的产生和内容的规模化生产。

2. 内容生产者的多样化

传统的传媒产业链中的内容生产是与传播渠道联系在一起的，内容的生产需要大量的专业设备和专业技能；同时传播渠道是一种稀缺资源，在国家政策的保护下，传播渠道主要被媒体所垄断。这些都决定了内容的生产者只有可能是传统媒体，个人和其他机构是无法涉足的。但是随着数字技术和网络技术的普及，信息内容的生产成本大大降低，一台计算机、一部摄像机就可以制作出一个视频节目，而互联网应用的扩展，使这些数字内容可以以便捷快速的方式在网络上迅速传播，甚至超过了传统媒体的传播速度。在这种情况下，个体已经可以成为内容生产者，并且日益构成媒介内容生产体系中的重要组成部分。此外，随着产业融合的不断推进以及相关政策的逐步放宽，原来的网络运营商、网络服务商甚至是一些终端生产厂商都纷纷投入内容生产者的行列中来。

3. 内容生产与物质生产的广泛融合

随着现代传媒业的发展，专业化、分众化的提高，媒介内容生产已经可以从传统媒体中独立出来，成为独立的内容产业。内容产品的生产需要其他物质生产领域的参加，这就带来了传媒产品内容生产和其他物质生产领域的广泛融合，如与节目包装公司、广告公司等的合作融合。物质生产企业也与内容生产紧密联合，从而使双方都获得利益。

二、媒介融合的网络融合

网络融合主要是指媒介传输渠道的融合，具体指三网融合，即电信网、广电网、互联网的融合。广电网、电信网、互联网的融合主要包含以下两个层面的内容：

（一）基于技术的三网融合

电信网、广电网和互联网在出现之初，由于其各自不同的业务种类，在构成和应用技术上是相互独立的。电信网主要用于语音交换，采用的通信方式主要是电路交换，这种方式可以使用户之间实现双向、一对一的实时连通，具有较强的实时性。但是其也存在自身的缺陷，那就是电路交换在用户通信过程中要求独占线路资源，易造成资源的浪费。广电网主要用于语音和图像的广播，采用总线连接的方式，所有的用户共享一个信道，不需要进行交换。但它是一种单向的传输网络，所有信息都是以广播的形式传送的，用户只能被动地接收，无法进行双向互动。互联网是一种点对点的网络，主要采用分组交换的方式进行通信，采用TCP/IP协议①，实现用户间的数据传送和信息资源共享。

由此可见，三网之间本身存在着很多不同，也分别用于不同的领域。但是随着技术的不断进步，三网之间出现了技术上的交融。数字化技术将三网原先各自传输的语音、图像和数据都转化成了由"0"和"1"构成的符号，使传输的内容实现了统一；IP技术将原先独立的网络资源统一起来，构成了一个统一的网络平台，在这个平台之上，各种业务、各种服务、各种软硬件资源、各种传输协议得到融合；光通信技术极大地提高了网络的传输带宽，使得各种多媒体信息也可以通过电信网和互联网来进行实时传输，三网的传输介质得到了统一。正是由于技术的不断进步、不断融合，三网自身在技术融合的基础之上进行相关的改造，逐步向彼此的业务领域渗透，才导致整个

---

① TCP/IP（Transmission Control Protocol/Internet Protocol，传输控制协议 / 国际协议）是指能够在多个不同网络间实现信息传输的协议簇。

网络功能的融合。因此，三网融合的一个重要方面就是技术融合。

（二）基于业务的三网融合

电信网、广电网和互联网在设计之初是用于各自特定的业务的，分别针对语音业务、视频业务和数据业务。经过相关技术的改造，三网的业务范围逐步扩大了。电信网早期只传输语音，但是随着IP技术的应用，电信网中无论是固网还是移动网络都可以通过IP技术进行数据信号的传送，再加上流媒体技术的成熟，电信网也可以向用户实时地进行音视频信号的传送；广电网早期只负责传送音视频信号，但是随着数字化技术的出现，数据、语音与普通的音视频信号已经没有区别，再加上有线电视网络双向改造的不断推进，广电网也可以进行语音、数据信号的双向传输；互联网早期是用来传送数据的，但是广播电视节目通过数字化后变成数字信号，通过IP协议可以将这些包含广播电视节目的数字信号放到互联网上变成数字媒体流，用户能够通过相应的软硬件来获取并播放节目。

由此可见，随着技术的融合，三网的业务逐渐出现交叉，这就导致三网在业务层面上的互相促进、互相融合。

（三）网络融合的成因

1. 网络技术进步

传播网络一方面连接着内容生产商，另一方面连接着广大受众，在整个传播活动中具有举足轻重的地位。网络融合是网络技术不断向前发展的产物，这里包含两方面的内容：①参与融合的网络本身就有成熟的技术，经过融合实现了强强联合；②参与融合的网络通过技术改造具有融合的可能性。

三网融合的主体，广电网、电信网和互联网在技术上各具优势。三网的融合可以使三网各自的优势得到更大发挥，使彼此之间的业务互相渗透，从而在应用上实现融合。三网在自身技术的不断完善过程中，也在技术上进行着相关改造，使三网融合具有良好的技术基础。广电网是一个单向传输的网络，无法实现信息的双向传送，通过广播电视网络的双向改造，可以完成信息的实时交互；电信网以前主要是传输实时语音，传输速率较低，通过宽带技术，特别是光纤通信技术的发展，信道带宽大幅提高，可以传送实时的音视频内容；互联网采用IP技术，以分组交换进行数据传送，随着IP技术的广泛应用，互联网也拓展了自身的业务范围。可见三网都具有通过技术改造实现融合的技术条件。

总之，技术的发展是三网融合的基础和先决条件，其所涉及的技术主要包括数字化技术、宽带通信技术和IP互联技术。这三种技术的进步为三网融合提供了必要的支持条件，为三网融合的进行奠定了坚实的技术基础。

（1）数字化技术。数字化技术将原来分属于不同网络传输的语音、数据和图像都转变为"0""1"符号，将三网中不同的业务都转化为统一数字化网络上的二进制数据流，突破了不同网络之间的业务壁垒。如此，二进制数据流就成为三网传输的统一符号，使三网所涉及的语音、数据和图像可以通过不同的网络进行传送，并通过用户自主选择的终端设备来进行信息内容的获取。

（2）宽带通信技术。宽带通信技术的发展大幅度地提高了网络传输信道的带宽，特别是光纤通信技术的出现和发展，极大地提高了传输线路的传送能力，使语音、视频等多媒体内容可以进行实时的传送，可以满足原来三网中各种业务的数据传送需求。同时由于光纤自身的优越特性，其传输的内容在质量上大幅提高，而消耗的成本却大幅降低。

（3）IP互联技术。20世纪70年代，传输控制协议/网络互联协议（Transmission Control Protocol/Internet Protocol，TCP/IP）的出现使互联网得到了极大的发展。TCP/IP协议的最大特点是，无论网络之间的结构如何，只要在通信时采用该协议，数据就可以在异构网络中进行畅通无阻的传送。这就突破了原来异构网络之间无法进行互联互通的壁垒，实现了大量异构网络的相互融合。基于这种特点，以TCP/IP协议为核心的IP互联技术也为三网融合奠定了坚实的基础，使各种基于IP技术的业务可以在不同的网络上实现资源共享、互联互通。

2. 巨大的商业利益

技术的进步使三网融合成为可能，但是要进行三网融合就需要进行大量的技术改造，需要投入大量的人力和物力资源，如果没有巨大的吸引力是很难使各产业实体主动推进三网融合的。

面对信息化社会的到来，越来越多的实体加入信息产业中来，各种不同信息传播渠道的出现极大地分散了受众的关注度和注意力。在激烈的竞争中，谁拥有更多的受众关注度，谁就会占有更大的市场份额。传统媒体看到了以互联网、IPTV、移动通信为代表的新型传播媒介所拥有的广大受众群，要将这些受众的关注度转移到自己身上，就需要进行网络融合；而新媒体以其特有的传播渠道优势拥有了大量用户后，需要联合传统媒体为自己提供大量的信息内容来满足广大用户的信息需求，也需要进行网络融合。

（1）互联网业务。互联网由于其覆盖范围广泛，加上具有实时性、交互性等优势，拥有了大量用户。

（2）IPTV业务。近年来，网络技术、流媒体技术以及Internet技术逐渐发展成熟，为了更好地满足客户的需求，把以上三种业务引入传统的电视行业，就形成了IPTV（交互式网络电视）业务。IPTV业务是通过互联网，根据IPTV用户的点播定向的传输视频数据。

（3）移动通信业务。新兴媒介所拥有的巨大潜在客户群意味着巨大的市场空间，也为网络融合提供了巨大的产业空间。这无疑对各传媒企业具有巨大的吸引力，促动着它们积极寻求网络融合以获取更多的商业利益。

3. 激烈的行业竞争

随着传媒业的急速发展，信息传播活动对时效性、覆盖范围以及传播形式的多样性等方面都提出了更高的要求。在这种形势下，传统的传播媒介所面临的竞争越来越激烈。这种竞争的压力主要来自两个方面：

（1）传播产业内部竞争陷入停滞阶段带来的压力。传媒业的竞争首先来自行业内部的竞争，各传媒产业为了获得更多的市场份额，不断进行兼并，以获得更多的信息资源和受众资源，从而做大做强，以期在竞争中立于不败之地。但是，当竞争发展到一定程度，内部的竞争已经达到饱和，要进一步发展就必须向其他相关领域进行扩展。这就涉及与其他产业的交融，从而需要网络融合的支持。

（2）产业间竞争带来的压力。随着互联网、数字电视、IPTV、移动通信等新兴媒体的出现，广电网与电信网、互联网之间在经营业务方面出现越来越多的相互渗透，这意味着基于这些业务的竞争在三网之间会越来越激烈。新媒体所拥有的技术优势使它们获得了大量的受众关注度，特别是众多的年轻受众已经将他们获取信息的渠道由传统媒体转移到新媒体，如果传统媒体不与新媒体联合，必将丧失大量的受众；同样，新媒体在信息内容的占有方面不及传统媒体，如不与传统媒体联合将使信息的真实性、权威性受到影响，从而失去大众的关注。因此，面对激烈的竞争，无论是传统媒体还是新媒体都迫切希望能通过互相连通，实现信息共享，从而在竞争中获得双赢。实现这种资源共享的先决条件就是实现彼此传播网络的互联互通，也就是三网的融合。

（四）网络融合的形态

从三网融合产生的因素可以看到，三网的融合涉及技术、市场、行业竞争和政策促进等多个方面，具体到三网融合的基本形态，则主要涉及两个方面：一是通过技术改进实现三网的底层连通、业务渗透、应用融合；二是在技术融合的基础上，广电网、电信网、互联网的业务在产业结构上的融合。

1. 技术融合

以广电网、电信网和互联网为主的三网都具有自身的核心技术，在融合之前三网各自在技术上是完善的，但是要进行跨网络经营，向其他网络业务进行渗透，以实现网络应用层面上的融合，就必须在现有技术的基础上进行相关的技术改造。

（1）广电网的改造。广电网在三网融合中所面临的最主要技术问题有两个：一是数字化问题，传统的广电网络主要是传输模拟的音视频内容，要进行数字化改造；二是传播方向的问题，传统的广电网络是一个单向传播网络，要进行双向改造。

第一，数字化改造。数字化改造就是将现有模拟信号转化为数字信号播出，要求在接入网局端加装模数转换装置，并在用户端加装机顶盒进行信号调制输出。

第二，双向改造。广电网是一个单向、实时、一点对多点的广播网络，所有用户共享一个公共信道，不存在交换技术，无法实现承载话音业务和数据业务所必需的双向互动。因此，广电网络要实现三网的业务融合，就首先要进行双向改造。广电网络在构成上分为核心网和接入网，目前核心网本身具有双向传输的能力，所以双向改造主要是对接入网的双向改造。

（2）电信网的改造。电信网络面对三网融合主要应进一步提高信道带宽，以使其可以传输非语音类的多媒体音视频内容。电信网络的核心网目前基本已经实现光纤化，即核心网的带宽是足以承载相应的业务的，主要的瓶颈出现在接入网方面。随着电信网络的不断升级改造，目前已经有大量用户采用宽带接入，但是也还存在很多的窄带接入用户，如何对其进行改造是电信网进行三网融合的重要任务。

（3）互联网的改造。面对三网融合，互联网主要需要解决数据实时传送的问题。互联网在设计之初主要是用来进行数据传输的，对传输的准确性要求较高，而对于数据传输的实时性要求较低。但是随着三网融合时代的到来，大量的多媒体数据要求在互联网上传送，特别是流媒体技术的广泛应用，对于数据实时传输的要求越来越高。过去互联网主要采用尽力传送的方式，这种方式面对需要传送的数据平均分配网络资源，无法适应实时数据所需的数据实时性和突发性要求，无法满足语音、视频等实时多媒体传送业务的要求。经过改造，互联网开始采用"实时传送"的方式，这种方式针对不同的业务，将网络资源按照业务的优先级进行分配，可以很好地解决数据实时传输和突发数据流的问题，为三网融合改造提供了坚实的技术基础。

总之，三网的技术融合主要体现在通过自身相应的技术改造，为三网之间业务的相互渗透提供可靠的技术保证，为三网在应用层面上的融合奠定基础。

2. 产业融合

在技术融合的基础上，三网原来各自的业务逐渐渗透，在应用上彼此交叉、逐渐融合。同时，随着相关政策的宽松化以及资本的推动，原先分属于三网各自对立的产业之间也逐步形成了融合之势。主要包括以下三种情况：

（1）以全业务为基础的产业融合。三网融合导致三网各自的业务之间产生融合，这就形成了"全业务"的概念。全业务，是指三网通过融合将原先各自的业务捆绑在一起，通过一个共同的传播渠道提供给广大用户，这种业务提供集语音、视频和数据于一体的全方位服务。在全业务的要求下，广电产业、电信产业和互联网产业纷纷进入彼此的市场。

（2）以资本并购为基础的产业融合。三网融合的另一表现形式就是通过资本市场的运作，使分属于三网的产业互相之间进行资源整合，调整业务范围，扩大市场份额，以增强自身的竞争实力。在这种情况下，电信产业、广电产业、互联网产业通过资产重组和并购，实现技术、资本和市场的互动前进。

（3）以统一业务平台为基础的产业融合。随着三网融合的推进，居于新型传媒产业链中游的传播网络与上游的内容产业和下游的终端产业也在积极地进行融合。在这种情况下，传播网络成为联系内容和终端的平台。

（五）网络融合对相关产业的影响

网络融合的本质是使未来的电信网、广电网和互联网都可以承载多种信息化业务，创造出更多种融合业务，而不是简单地将三网在物理上合成一张网。三网的融合有利于推动信息技术创新和应用，满足广大受众日益多样化的信息内容需求，拉动消费，带动产业发展，对相关产业都有巨大的影响。

1. 对广电产业的影响

三网融合对于广电业是一次难得的发展机会，依靠丰富的内容、巨大的带宽和广泛的受众，广电业在技术、业务和市场运营等方面都将得到巨大提升。

（1）技术不断提高。随着三网融合的推进，广电网络大力进行数字化、双向化的网络改造，与电信网、互联网密切配合，创造新的节目形态，建立新的传播模式，在信息内容的采集、编辑、播出等各个环节进行技术改造。同时，广电网络通过对全网资源进行重新整合，提高了网络的承载能力和多种业务的支撑能力，建立了面向全业务要求的技术管理系统和业务支撑系统，逐步实现整个广电网络的统一规划、统一建设、统一运营、统一管理。

（2）业务范围不断扩大。在技术不断提高的情况下，广电网络必将向双向、互动、多业务的方向发展。在这一过程中各种新兴的业务将会不断出现，广电网络的业务范围也将不断扩大，主要有：基本服务业务，包括模拟电视广播、数字音频广播、数字电视广播等；基本互动业务，包括信息服务、应用服务和交易服务等；基于广电网络的集团数据服务业务，包括语音/视频会议服务、集团数据服务和无线移动服务等；基于广电网络的宽带互联网业务，包括为大型客户提供高带宽互联网接入的集团接入服务和为个人提供可达百兆带宽的互联网访问的家庭接入服务；基于广电网络的多媒体通信服务，包括视频电话、语音聊天、电视邮箱、电视短信等。

2. 对电信产业的影响

电信产业依靠其雄厚的资本、长期的经营经验、覆盖范围巨大的网络以及和互联网先天的联合，具有强大的传播渠道优势。但是，随着传播技术的不断发展，各种业务逐渐互相渗透，电信产业的核心业务——语音业务的业务量急剧下降，亟须开发新的增值业务进行弥补。三网融合给电信产业的进一步发展提供了广阔的空间。

（1）加速电信网络的升级改造。随着多种业务形态的出现，电信网络原有的带宽优势已不复存在，原有的网络结构也需进一步调整。例如，新兴的IPTV业务需要对电信网络进行相应的技术改造，进一步拓宽带宽、采用以FTTx[①]为主导的新型接入网，提高用户的接入能力。同时加快以光纤为主要传输介质的宽带接入网的建设，大力推进城镇光纤入户，扩大广大农村地区的宽带网络覆盖，全面提高网络技术水平和多业务承载能力。

（2）扩展经营范围，拓展盈利模式。在技术进步和政策宽松的引导下，电信产业在统一机构的监管下也可以从事时政节目之外的广播电视节目生产制作、互联网音视频节目的传送、IPTV节目传送和手机报纸、手机电视等增值业务。这些新增业务的出现使电信企业获得了更多用户，并可以通过

---

① 由于光纤接入网使用的传输媒介是光纤，因此根据光纤深入用户群的程度，可将光纤接入网分为FTTC（光纤到路边）、FTTZ（光纤到小区）、FTTB（光纤到大楼）、FTTO（光纤到办公室）和FTTH（光纤到户），它们统称为FTTx。FTTx是光纤在接入网中的推进程度或使用策略。

对用户的行业、性质、喜好等特点的分析，进一步了解新兴传媒产业的市场动态，为广大用户提供多样化、差异化和个性化的服务，拓展盈利渠道，提高经营效益。

3. 对终端设备生产产业的影响

三网融合给终端设备生产企业带来了巨大的发展机会。随着三网的逐步融合，原来面对独立传输渠道的终端设备已经无法满足受众接收、获取信息内容的需求，新兴的具有多功能、多接收渠道、便捷化、一体化的接收终端已经成为必然的发展趋势。终端设备生产企业应该抓住机遇，大力开发新产品，制定新标准，参与到内容生产、内容传播和内容获取的多个环节中去。

（1）大力发展新型终端设备。三网融合的发展必将导致终端接收设备的相互融合，各种多功能一体化设备必将得到受众的青睐，如电视与机顶盒的融合、手机与电脑的融合、各种智能型家电的产生等。各种终端设备生产企业应该抓住机遇，向智能移动多媒体终端的生产方向发展，不断更新技术，推进新的终端设备的研发和生产。同时在三网融合的过程中，各个网络都需要进行网络升级和技术改造，因此在业务系统融合、运营体系调整、管理系统更新等方面，终端设备生产企业都将发挥重要的作用。

（2）大力拓展新兴业务。终端设备生产企业具有与广大受众直接接触的优势，最了解受众对信息内容的各种要求，在三网融合的基础上，终端设备生产企业不满足于仅仅向用户提供终端硬件设备，也逐渐向内容生产、内容传播的方向发展，将设备与服务合为一体，直接向用户提供包含特定内容和特定服务的统一内容接收平台。未来三网融合的终端设备应该是开放的、集软硬件于一体的、结合内容与服务的综合性统一信息平台。

（六）网络融合的发展

1. 催生新的网络形态

下一代广播电视网（Next Generation Broadcasting，NGB），是有线无线相结合、支持"三网融合"业务的、全程全网的广播电视网。NGB可以将原来的区域性服务扩展成跨区域的服务；在业务方面，NGB可以提供高带宽、复杂交互的互动电视类、社区服务类、电子商务类、在线娱乐类、个人通信类、医疗教育类、金融证券类等内容或服务，还可提供视频、数据和语音等多种业务结合的混合业务；在管理方面，NGB将原来的区域化、分极化管理变成全局化、统一化管理。

2. 催生新的市场格局

三网融合既可以实现在单一平台或设备上获取多种服务，也可以利用多个平台和设备来获得所需要的某一种服务。这种变化将形成一个崭新的市场格局，为产业发展带来新的经济增长点。

以广电为代表的传媒产业通过三网融合，充分发挥对内容占有的优势，降低了构建传播网络的成本，借助其他网络扩大了自身的传播范围；电信、互联网产业通过融合获得了信息内容的资源，也提升了自身的品牌。同时手机电视、互联网电视等新兴业务也得以实现，它们的产生和发展又使得相关行业，如生产电子元器件的公司和光纤光缆公司同时受益。而设备生产商方面，人们更青睐于那些具有复合功能的电子消费类产品，在这种情况下，多功能手机的生产商和生产互联网电视的厂家将有更多机会。此外，在运营商方面，广电有线网络的上市公司、电信运营商和一些传媒公司也将获益于网络融合的发展。

3. 催生新的监管措施

网络融合不仅有物理技术的对接问题，更重要的是如何面对广电"一对多"和电信"一对一"的传播规则的问题。如果将"一对多"融合到"一对一"，则意味着放开必要的宣传控制权，这必然是不可能的；而若反之则会造成传播资源的大量浪费，且无法满足受众对信息获取便捷性的要求。因此，网络融合需要有新的监管政策来加以保证。

三、媒介融合的终端融合

（一）终端融合的成因

终端融合也可以视作媒介形态的融合，主要指受众获取传媒产品的终端应用的融合。终端融合是内容融合和网络融合的必然结果。通过内容融合，受众可以获得海量信息，而且信息从内容和形式上都得到提升，受众的内容选择余地变得非常大；通过网络融合，受众获取信息不再局限于某一特定渠道，也不再受到时间、地点的限制，可以以多种形式、从多种渠道获取信息产品。这必然导致受众产生对获取信息的个性化和便捷化的需求。其中"个性化"就要求媒介所提供的信息内容在形式上多种多样，而且在提供内容的同时还要向受众提供各种以内容为主导的多样化服务"便捷化"就是在受众面对多种内容和服务时能够通过一个设备或一个平台来获取多种内容和服务，这就要求终端设备具有多功能、一体化和轻便、小巧、价格低廉等特点，因此这种多功能一体机是终端融合的必然趋势。

终端融合的形成条件与内容融合、网络融合一样，也需要在技术、市场、竞争和政策方面提供必要的条件，这些条件的具备是终端融合产生的前提。

1. 终端融合的技术支持

终端融合的技术基础是终端设备可以使受众方便地连通到各种信息网络，跨网络、跨平台地获取所需的内容和服务，选择任何一种网络连接就可以方便地享受三网提供的海量内容服务。其中，最为核心的技术就是IP技术和无线网络技术，它们使各终端设备可以实现无缝连接。

IP技术利用IP层协议，在TCP/IP确立的网络层次结构中起核心作用。其一，终端网络采用无连接方式传递数据报，这样上层应用不用关心低层数据传输的细节，可以提高数据传输的效率；其二，终端网络通过IP数据和IP地址将各种物理网络技术统一起来，达到屏蔽低层技术细节、向上提供一致性的目的，这样可以使物理网络的多样性对上层透明。早期的IP技术使原本互不连通的局域网络可以进行信息交换，导致了Internet的广泛普及，使Internet可以充分利用各种通信媒介，从而将全球范围内的计算机网络通过统一的IP协议连在一起。现在在网络融合的基础上，IP技术进一步发展，可以承载更多种类的信息服务；各种接收终端只要使用IP技术进行通信，将使所有的终端设备彼此连通，实现信息通信和资源共享。

无线网络技术是对网络覆盖范围的一种延伸、补充。通过无线通信技术，各种终端设备之间摆脱了笨重的实体连接线路的束缚，真正做到了跨地域、跨时间地发送和接收信息数据，实现数据、资源的共享。无线网络技术所具有的这种灵活性、移动性，为受众提供了实时的、移动的、便捷的信息获取平台，可以保证受众随时随地以各自希望的方式来获取信息内容，实现最大范围、最大自由度的资源共享。

2. 终端融合的市场吸引

在新兴传播技术的支持下，信息内容从数量到形式都发生了很大变化，面对新的传播环境，广大受众已经不满足于过去那种定时、定点获取信息的方式了。受众获取信息、接收信息服务，逐步由单媒体向多媒体、由固定接收向移动接收、由被动获取向主动互动等方式转变。终端设备是广大受众获取信息的工具，受众接收信息方式的变化势必影响到终端设备的变化，从而催生出巨大的市场需求。

（1）数字消费产业兴起。随着数字内容逐步取代模拟内容，广大受众越来越将关注点投向数字接收终端。经历了此前的萌芽、发展，我国的数字消费产业正逐步走向成熟，形成了以网络内容、数字影音、动漫、移动数字内容为主体，数字教育、数字出版等行业协调发展的产业格局。数字化为生产厂商带来巨大的商业利润，从产业规模上来看，我国数字内容产业的总产值已处于世界前列，但从人均消费水平上来看，我国数字内容产业规模还将有较大的发展空间，甚至在未来一段时间部分子产业有望超过一些发达国家。

（2）多功能一体化移动终端成市场主流。以手机、MP3、平板电脑、电纸书、数字彩电等为代表的多功能一体化数字终端设备以其特有的便捷性、灵巧性、多功能性和时尚性为广大受众所喜爱，逐渐成为终端市场的主流产品。终端设备的多功能一体化趋势不可逆转，必将成为市场主流发展方向，带来可观的商业价值。

（3）以统一信息服务平台为终端的IPTV拥有巨大发展空间。IPTV作为终端融合的代表，具有巨大的发展空间。IPTV不仅是终端设备的融合，也是将广电网、电信网、互联网三网的各种服务集于一身的综合性信息内容服务平台。IPTV将三网的信息内容和信息服务集中于一个平台之上，再通过单一的终端传送给广大用户，是一种崭新的信息服务模式。一方面，其简化了用户获取信息和服务的途径，降低了用户获取信息服务的成本，提高了用户进行信息交流的效率；另一方面，IPTV的发展极大地带动了相关产业的发展，其为内容生产商提供了具有实时交互能力的信息发布平台，为网络运营商提供了统一的终端接收平台，为设备生产商提供了大量的终端设备消费市场，具有相当可观的商业价值。

3. 终端融合的竞争压力

（1）传媒产业介入终端生产竞争。随着媒介融合的发展，传媒产业链发生了根本的改变。内容产业使信息内容实现了规模化生产，三网的融合导致了信息传播渠道的统一化和多样化。面对这种改变，受众在信息的获取上具有更大的自主性，因此如何获得更多的受众关注度就成为传统媒体进一步发展所必须关注的问题。在新的传媒产业链中，传媒产业为了直接将生产的信息内容传播给广大受众，也开始逐步向终端生产领域渗透。

（2）各高新技术产业投入终端生产竞争。随着产业间竞争的加剧，全球的软硬件技术、电子技术等高新技术产业面临着原来领域的竞争基本饱和、难以进一步发展的局面，亟须找到新的发展空间。如软件业巨头微软公司，其所取得的辉煌成就是无可比拟的，它长期垄断着全球操作系统软件市场，为电脑的普及做出了巨大的贡献。

（3）终端融合使全球家电厂商展开新一轮竞争。随着数字技术的不断发展，人们对于各种终端设备的要求也逐步趋向于个性化、网络化、智能化和便捷化。传统的模拟家用终端产品逐渐被人们所抛弃，更多的智能化家电日益受到人们青睐。目前，这一趋势正成为全球家电产业的发展潮流，全球家电厂商将展开新一轮竞争。

（二）终端融合的形态

实际上终端融合包含两层含义：①基于单一终端设备的功能的融合，是指在单一终端产品上不断增加其功能，以实现多功能一体化为目的；②以终端设备为平台的服务的融合，是指各种终端设备在公共的功能平台上实现互联互通，提供统一的服务。对于这两种终端融合，落实到终端生产企业上来说，其核心就是终端产品技术标准的融合。

1. 终端融合的设备融合

终端设备的融合主要是指将多种功能集中于同一个设备，这里包含两种方式：

（1）硬件和技术上的融合。硬件和技术上的融合是终端融合的初级形式，主要是通过增加终端设备的功能组合，形成多功能一体化的新型设备，如照相手机、游戏手机、导航手机等。

（2）特定的内容和服务与特定的终端设备融合，从而产生含特定内容和服务的终端设备。特定的内容和服务与特定的终端设备融合是终端融合的高级型。

2. 终端融合的服务融合

终端融合更主要的功能是基于统一应用平台上的服务的融合。用户通过各自的终端设备连接到统一的服务平台之上，以平台为依托获取所需的内容和服务。

IPTV是一种典型的服务融合平台。IPTV，简单地说就是指基于IP协议的电视广播服务，但并不只是简单地提供电视广播服务，它是一个集多种业务于一身的综合服务平台。通过这个平台，用户可以实现对多媒体内容的直播、点播、回看、个人本地节目录制、个人网络节目录制、WebOnTV、FlaShOnTV以及在线游戏、IM聊天、短信的接收和发送、视频聊天、视频监控、电视购物、电子交费、电子地图、电视互动等功能。

通过IPTV这个平台，用户可以通过一个终端来获得过去多个媒体、多条渠道、多种终端设备提供的内容和服务，真正实现了终端服务的大融合。

3. 终端融合的标准融合

无论是设备的融合还是服务的融合，要最终实现终端的融合，关键是要制定一种新的标准来协调各个终端产品的互联互通。只有建立了统一的标准，产品之间才能互相兼容，互相联通，避免用户在选择终端产品时的重复购买，避免生产企业生产终端产品时的重复投资。对于终端生产产业来说，谁先掌握了标准的制定权，谁拥有了主导技术标准，谁就掌握了市场的主动权。

（三）终端融合对相关产业的影响

移动终端拥有着可以直接联系用户的重要优势，移动视听应用与终端不断融合，形成"内容+终端"的新型发展模式。终端融合对相关产业的影响如下：

第一，对于内容提供商来说，终端融合拓宽了视听内容的生存空间。内容提供商可以直接与终端合作，不但避开了网络运营上的控制，还能更直观地了解受众的意见信息，更好地改善自身内容。智能移动终端的发展，也使视听内容走向多渠道，多方向化。为了适应不同端特性，视听内容提供商在生产内容时会根据适用终端的不同做一下区分，有的是格式的不同，有的是甚至是同一内容在不同端上呈现不同的面貌。

第二，对于终端厂商来说，终端融合使终端成了集成平台。视听内容提供者越过网络运营商和终端直接对话，向终端提供视频应用服务，在终端生产之时就将视听应用集成到其中。信息技术的发展，使终端逐渐成为一个可以控制用户信息接触的平台供应商。

第三，对于消费者来说，终端融合带来更优质的顾客体验。内容与终端的融合，都是以顾客的个人体验为核心。无论视听应用多么庞杂，智能终端形态怎么变化，都是在向着更满足用户需要的方向发展。

（四）终端融合的发展

1. 进一步满足受众需求

随着内容融合导致内容产业的出现，信息内容的生产实现了规模化。受众面对海量的信息内容，对于信息内容的需求逐步由单一到多样，由单向接收到双向互动，由定点、定时获取到任意时间、任意地点、任意形式的使用转变。随着终端融合的不断发展，新型的多功能一体化终端设备不断出现，新兴的基于特定终端设备的特定服务不断开发，极大地提高了广大受众进行信息交流的效率。

2. 促进产业链成员的业务扩展

随着媒介融合的不断发展，传媒产业链发生了巨大变化，由原来各种媒介单独进行信息内容的生产、传播、接收向统一的内容产业、网络产业、终端产业转变。在转变过程中，整个产业链中上下游产业成员相互之间也在不断进行业务的融合。上游的内容产业不仅仅满足于进行信息内容的生产，也开始向终端设备生产发展，使其生产的信息内容可以在特定的终端中得以广泛传播。

第四节　媒介融合发展的历史脉络

如今基于5G和AI技术的智能媒体新生态建设，我们可以发现，融合是创新与坚守的辩证发展过程，矛盾的主要方面随着技术、人才、资本、政策等主要因素配置方式的变化而变化。基于此，下面将媒体融合发展的历史脉络划分为三个时期，即媒体融合期、融合媒体期和智能媒体期（图1-1）。

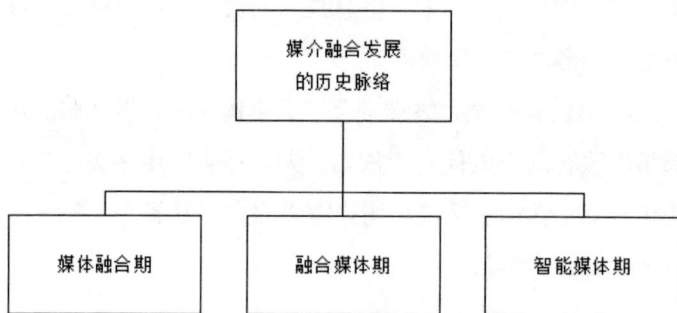

图1-1　媒介融合发展的历史脉络

一、媒体融合期

2001年开始到移动互联网的问世是媒体融合期。这一时期最主要的技术特征是PC端可以看视频、图片等，报刊媒体在这一时期不仅需要保持自身的增长优势，而且也正是在这一阶段报刊媒体真正在媒体融合的发展进程中发挥出了积极主动作用。

以文字图片或者视频形式为载体的信息内容在网络宽带加速扩容的形

势下可以利用互联网实现传播，从而使得当时的媒体行业进入了多样化呈现方式、多媒介的新业态。平面媒体和报刊台也开始频繁与网络接触，逐步走向了网络化转型时期。人们开始通过网络来读报，网络广告的现象也越来越频繁。

网络视频于2005年开始正式广泛流传，视频传输和泛在接收在互联网技术的发展下成为现实，报刊媒体融合也具备了重要的基础条件。在技术和市场的共同驱动作用下，网络新媒体逐渐开始生长，并在新兴产业中扮演的作用越来越重要。而此时传统的报刊媒体仍然具有极大的存量优势，在整个媒体行业中处于绝对主导地位。各大权威报刊仍然是人们获取新闻信息的主要来源之一，报刊办刊质量也极大提升；甚至一些大型广告商也会选择报刊来刊登广告，传统报刊媒体行业也逐步开始走资本密集型发展。

互联网的快速发展进一步加速了用户群体扩张，其中青年群体是其主力。传统媒体在此形势下已经不能再忽视网络新媒体的优势和存在，逐步尝试网络化延伸。很多传统报刊媒体已经正式开辟了网上电视读报节目，媒体融合的理念却在中国传媒业中发酵，为随后的融合媒体时代的到来，奠定了认识论基础。

总之，在媒体融合期，电视媒体仍呈现稳定的增长态势，依然保持着独立而完整、内容制作、传输和用户接收技术体系，拥有专属的传播空间和特定的传播方式，其主流媒体地位不可撼动。此时的媒体融合，只是电视媒体向PC端的延展，向互联网的单向接入，也就是简单等同于建立网络终端，把互联网平台作为电视内容的延伸播出端。电视虽然开始向互联网倾斜，却只把互联网视作它的补缺。

二、融合媒体期

2008年出现了3G移动网络，这也是融合媒体发展的起点，融合媒体可能一直持续到5G手机和应用时代。3G移动网络的出现使得移动互联网产业实现了飞速发展，也进一步突破了信息传输的局限。无线传输协议新标准在2009年正式发布以后，WiFi传输速率得到全面提升。在传输平台和接收端在技术支撑下新旧媒体的技术现象被逐渐打破。

网络新媒体成为传媒行业的一个重要的力量，传统报刊媒体增长势头也开始逐渐衰弱，融合媒体正式开启。融合媒体期先后经历了分庭抗礼、主动互融、实质融资等三个阶段。这一时期主要是4G牌照正式发放和商用阶段，随着4G移动网络的快速普及新旧媒体开始逐渐进入主动互融阶段，智能移动终端在信息传播中成了一种重要工具。国家议程和国家战略正式成为媒体融合的新发展方向。这也使得中国传统的报刊媒体行业需要以互联网思维为基础进行平台再造，并努力向移动端发展。

5G概念在2018年出现之后，传媒业态更加丰富，全面推动了新旧媒体之间的迭代重组。面对瞬息万变的传媒行业，报刊传媒人需要不断创新业态来寻求移动互联网时代下的转型发展空间。5G技术在普及之后新旧媒体将进入实质性融合阶段，我国当前也正式进入了实质融合的起步阶段。移动互联网在增速降费的形式下取得快速发展，报刊媒体传输网络也正在被逐渐取代。以PC端和移动端融合所形成的网络报刊新闻媒体体现出了非常明显的生态性和平台性。进入实质性融合后，媒体融合也将由表层融合逐步进入深层融合。

三、智能媒体期

智能媒体时期是传媒行业开始逐渐应用智能技术，5G技术让视频信息资料传播速度更快，而对于智能媒体来说其实并不仅仅是一种技术加持，多的是一种系统性、全面性的技术革新，也是生产端、接收端、传输端全面实现智能化重构的过程。简单来说，如果传输平台和接收端的融合代表着媒体融合，那么智能媒体将是全面实现内容生产的革命。例如，智能媒体可以根据个人阅读习惯来有选择性地为读者推动内容，还可以将传统报刊媒体中单一的文字内容经过加工后配以图片、视频等内容。读者能够获得更加丰富、真实的阅读体验。

传媒产业链由内容生产端、传输和用户接收端构成。未来，5G发力于传输，实现传输革命，解决高带宽移动统一接入；VR作用于用户端，促进接收方式的革命性改变，以沉浸感和交互性来重构人与世界的交往格局；AI将重组内容生产体系，并最终形成AI+5G+VR的智能媒体传播技术新格局。届时，智能媒体将不仅仅是媒体，而是与社会融为一体，由此改变人类的生活传播方式。

第二章 新闻传播

第一节 什么是新闻

一、新闻的观点演变

关于新闻的定义，历来众说纷纭，可以总结得出以下观点：

第一，事实说。事实说法将新闻看作是一种事实或者被传播的事实。事实是新闻的本源，而非观念产生新闻，为新闻传播活动提供唯物主义基石，并将其与唯心主义划清界限。然而，并不是所有的事实都可成为新闻，只有事实具有新闻价值，并且经由媒介传播，被受众接收，并产生显著社会影响，才可以称为"新闻"。由于新闻生产涉及新闻从业者的信息筛选、传媒机构的经营理念，以及社会环境和政治、经济因素影响，新闻不能做到绝对客观，必然带有无法避免的主观色彩。

第二，报道说。报道说法将新闻视为一种报道或传播活动。新闻报道是对已经发生的事实进行的一种简要阐述，新闻和新闻报道的含义经常被混淆，这是因为事实变成新闻的必备条件是进行传播，传播的核心是新闻事实而不是报道本身行为，新闻传播媒介经常对事实新闻进行报道和传播，是带有社会属性的主体表达，作为报道对象的新闻，以内容形式存在于传播过程中。

第三，兴趣说或者趣味说。新闻的趣味性既可以吸引受众了解新闻，又可以刺激受众的感官体验。因此，只要是真实的最新报道，能够引起受众兴趣的事实，都可以被视为新闻。事实并不具有趣味性，但最新发生的重要报道，也可以被视为新闻，说明趣味性并不是新闻的必要构成因素，既不能无端忽视受众的趣味需求，也不能过分迎合受众的不良趣味。

第四，手段说。手段说法将新闻视为实现特定意图的实践方式。在特殊的历史时期，新闻通常肩负着完成政治任务的职责。主张新闻手段说的学者认为，为了完成自身所承载的使命，新闻可以发挥报道事实、监督政府、批评官员作用，在这种理念影响下，新闻既被认为是具有时效性、连续性和规律性的，可以被广泛传播的事实，又被认为是通过评述或报道新近的重要事实，从而对舆论产生影响的特殊手段。因此，新闻传播活动既具有阶级属性，又具有舆论引导功能。然而，新闻与新闻传播事业不同，前者只是市场或行政主体引导舆论的载体，其自身并不具有阶级性；后者肩负有舆论引导的重任，在阶级社会中往往具有阶级属性。

第五，信息说。信息说法将新闻视为媒介传播的事实性信息。当人们的生活环境发生剧烈变化时，人们迫切地需要知道外界发生的事情。为了消除人们的认知不确定性，新闻报道会以信息的形式进行传播，满足人们的好奇心和求知欲，这种报道环境变动的信息就是新闻。新闻旨在向受众告知新近发生的事实信息，这种说法强调新闻内容，肯定新闻价值，是对学术规范的符合与遵守。

总之，不同时期人们对新闻的认知不同，解读上述观点后得知：新闻是记录社会、传播信息、反映时代的一种文体。它是通过报纸、电台、广播、电视台等媒体途径所传播。

二、新闻的分类

"新闻播报作为信息传播的一种手段，其终极目的在于通过受众对信息的接收、理解，影响受众在社会生活中的实践。"[①]按照新闻与受众关系的不同，新闻可以划分为硬新闻和软新闻两种类型。

---

① 张滨铄，王军.软、硬新闻不同播报语速的成因——以 CCTV 新闻频道实证研究为例 [J]. 青年记者，2018（35）：64-65.

（一）硬新闻

硬新闻是指题材比较严肃，着重于思想性、指导性和知识性的政治、经济、科技新闻。硬新闻对于公众的影响力比较大，而且引人深思，有显著的延缓报酬特征。而硬新闻具有显著的四个特点：

第一，硬新闻所报道的内容大多来源于民众的切身生活，与民众的切身利益息息相关，并且在直接或者间接上可以引导民众的日常作业行为。

第二，硬新闻的信息因为关注到民生问题，所以民众对于硬新闻比较重视，且必须被民众所了解。

第三，硬新闻时效性很关键。

第四，硬新闻对于信息量和准确度的要求比较高。

（二）软新闻

软新闻是指人情味较浓、写得轻松活泼，容易引起受众感官刺激和阅读、视听兴趣的新闻，如社会新闻、体育新闻等。软新闻是指能够活跃民众情绪的一类新闻，对于民众有即时报酬特征。软新闻因其内容轻松愉悦所以具备四个显著特点：

第一，软新闻的主要目的是活跃民众的业余生活，调节民众情绪，对于民众的切身利益没有太大的直接影响关系。

第二，软新闻中的观点和信息对民众的生产和生活没有太大影响因素，所以不需要及时了解。

第三，软新闻的报道和传播没有特定的时效性。

第四，软新闻虽然不需要硬新闻那么要求严谨，但是需要语言诙谐，文笔生动能够吸引民众的了解和阅读。

总之，硬新闻是新闻报道中最重要的一部分，也是与民众生活发展息息相关的，所以对于硬新闻的报道要遵循准确性和实时性，这样才能最大程度地帮助民众及时了解政策。对于这一点，无论中外，所有严肃的新闻传播事业都应注意。软新闻的内容选择上要时刻注意选材的品质，一定要保证内容的健康性，不能为了追求而大肆进行渲染，适当进行修改有利于新闻的传播。新闻传播媒介应该根据民众对于新闻报道的喜好来进行新闻内容的传播，主旨思想以硬新闻为主体，同时兼顾软新闻的衬托，如此才能提高新闻传播的高品质和高传播性。

三、新闻的特点

（一）新意

新闻的新意表现在对于事物所发生变化的一种阐述，它向人们详细而快速地反映出了事情发展的最新动态，所以具有新意是新闻的显著特点。

从内容上看，新闻所反映的事实必须是具有新意的事实。有些事实天天发生，但不一定能够成为新闻，如果发现其具有某些新意，则可能成为新闻。

从事物与事物比较看，新闻的"新"是通过事物与事物相互比较而显示出来。新闻报道如果时常注意过去与现在、现在与将来、大与小、多与少、真与假、美与丑、善与恶对比，则可不断发现好的新闻。

（二）时效性

"新"即体现时间观念，其为新近的意思，而"闻"是指消息，"新闻"即新近发生的消息，所以这里要特别强调"新"的意义。新闻的时效性是判断其是否具备新闻特征的重要依据。新闻和历史是相对而存在的，历史是过去已经发生的事情，是对过去的一种解读和研究，一件事情在刚刚发生之时就被关注和传播即为新闻，而经历很长一段时间之后才被人们阐述和剖析则是历史的一般特点。

（三）敏感性

敏感性要求新闻工作者要紧追时事，密切关注事实发展动态，与历史不同的是新闻所表达的内容是具有新意的，且具有显著的新鲜感，是对动态世界进行充分观察后得出的感悟。

新闻题材普遍有着从普通事实向新闻事实转化的一般过程，通常一件事物的发生往往伴随着量的变化，当量变没有突破到一定程度时缺乏关注度，这时便称为普通事件，一旦量变突破引起了质变，则普通事件即具备了敏感性，由此便升级成了新闻事件，进而吸引大家的关注，同时随着时间的推进，新闻事件没有更多的量变突破进而会失去新意，最后会逐渐演变成普通事件，这是新闻发展的一般规律。

同时，新闻的敏感特性还体现在新信息的不断进入，普通事件因量变的增加而引发了质变，进而升级成新闻事件，如果此时依然有新闻题材不断演变和增加，这时就需要新闻工作者进行及时报道，以便保持新闻的新鲜性，抓住变化的事物进行报道也体现了新闻显著的敏感性特点。

（四）系统性

新闻传播是一个系统的工程，其中需要多种因素共同获取，这就会形成一种复杂性和特殊性。

首先，传播内容中有多种因素构成，其中有实景内容，有新闻声音以及噪声等。信息通过传播者进行传播的过程中夹杂了传播者主观因素，同时新闻受众者在接收新闻信息时也会受到主观心理的影响对新闻内容产生一定的理解和感悟，这就使得信息的传播过程变得复杂和多变，在一定程度上也对传播的信息产生一定的差异，这种差异性受历史、文化、社会等多重因素影响。

其次，真实的新闻传播过程中夹杂了很多复杂因素，这些不同的因素之间相互作用，并且经过长时间的发展已经形成了一套独立的体系。该体系中的各个组成部分相互影响和融合，并最终组成了一个信息整体，不仅如此，该体系还处在大的社会背景之中。

（五）直观性

新闻的直观性体现在民众可以直接看到新闻事件的本来面目。了解新闻事件的方式多种多样，比如通过画面、声音等直观的新闻场景来了解事件发生的始末，同时新闻的直观性也更加促进了民众对新闻事件的关注度，因为直观而震撼的真实事件场景往往能第一时间吸引民众的注意力，使得人们更加关注新闻事件。新闻的直观性具有以下特点：

第一，新闻的直观性体现在民众的感官层面，新闻报纸的视觉感官性极大地增加了民众的吸引力，同时使民众对于新闻的内容更加具有记忆力和感染力，这种直观的表达方式是任何文字形式所不能替代的。广播新闻能够通过编辑的声音来进行新闻内容的传播和介绍，通过编辑的声音对民众的感知力也有很大帮助，声音能够在最大程度上调动民众的神经中枢，使民众更快速地进入到新闻事件中，并且能够充分发挥其想象力，在脑海中呈现画面。电视新闻无疑是将视觉和听觉合二为一的功臣，其声情并茂的新闻表达方式更能给听众带来感染力和想象力，同时记者的同步解说还能够帮助听众了解和探析新闻的核心内容，对于新闻的传播有着极大的促进作用。

第二，新闻传播表现在听众心理层面则是对直观性的一种阐述，因为新闻内容具有很大的叙述意义，同时不像文学作品那样难于理解，新闻内容的意义在于能够在短时间内被听众所理解和关注，所以新闻内容必须是能够很直接地表达出来的，这样才能体现新闻内容的时效性。高速发展的信息时代使人们对于信息的渴求度日益剧增，同时信息传播的途径越来越广，其时间也越来越短，所以民众需要通过一种喜闻乐见的方式最快速地了解到时事新闻。通过新闻传播，人们能够很方便地了解到自己所关注领域的各种新闻和信息，这种直视感使得人们收获更多，同时也能使民众在众多的信息中找到熟悉的场景。人们对于信息的极度渴望是与生俱来的一种本能，只有具有直观性的新闻内容才能满足人们的需求。

（六）客观性

新闻的客观性是指新闻按照事物的本来面目如实报道的特性。新闻内容主要是对真实发生的活动或者真实的人物故事进行阐述和传播，这些新闻内容不能是主观捏造的，而必须是客观存在的，同时活动的发展经过一定是具有某种特殊联系的载体，同时能够体现出事物发展的一般规律。新闻传播有一定特殊的传播途径和传播方式，有些通过叙述来进行传播，有些则通过实景画面进行传播，不管是哪种方式都要求保持客观性，不要刻意改变主观意图。

新闻内容用电视播放的形式进行传播之后，受众往往更容易被动态的画面以及声音所感染。因为人们会更加容易接收真正看到的画面，所以电视新闻更加被人们所喜爱和关注。

（七）双向性

新闻传播中不仅有传播者，同时也有受众者，二者相互作用成为一个整体，所以新闻传播体现了双向性的特点。虽然传播者和受众者相互独立，但是其中却形成一种特殊的信息反馈系统，这种双向性较强的传播途径要数人际传播以及网络传播，比较弱的是组织传播以及大众传播，不管强弱如何，双向性都是新闻传播的显著特点之一。

（八）媒介支持性

新闻只有抵达受众，并产生广泛的社会影响，才能发挥其自身作用。从事实变为新闻并被受众接收，这个过程需要新闻传播媒介提供支持。这种媒介可以是传输中介，如文字、声音、画面等，也可以是从事传媒工作的个体或组织。事实是客观存在的，新闻是对事实的反映，因而也是客观的。但是，新闻传播媒介由于受到各种因素束缚，不能做到对全部新闻事实的报道。因此，对新闻活动的考察，应该以全人类的新闻传播实践为对象，做到具体问题具体分析。

第一，伴随新闻传播事业的繁荣，相比人际传播的新闻覆盖范围，专业化的媒介组织实现新闻信息的全域覆盖，新闻成为全民共享的信息产品，并且拥有特定的共享范围，这个范围越大，新闻的价值越高。

第二，人类无法穷尽客观世界发生的全部新闻。客观世界每时每刻都有新闻产生。

（九）文学性以及哲学性

新闻信息反映的是真实发生的客观事物，其真实性反映的是客观存在的事物，所以信息的准确性要远远高于其文学性或者哲学性。

文学性以及哲学性更多的是反映上层建筑，虽然它在一定程度上也能反映客观事物，但是对于客观事物的反映方式和思维与新闻传播有着本质的不同。哲学内容更多的是针对真理的表达，用的是抽象思维。这与新闻的本质不同，所以它也被称为逻辑真实表达方式。逻辑的真实可能是对客观世界一种现实的真实性的概括，也可能只是一种纯粹的逻辑上的推理。

四、新闻的功能与价值

人类文化的构成离不开新闻传播，因此应从文化的角度去解读新闻的特征与规律。随着社会的进步与经济的发展，人们的生活水平与世界的科技水平也在不断提高，在这种形势下，人们的审美需求也会发生相应的改变。在制作新闻时，单单运用新闻五要素已无法满足需求，新闻事件报道也不会有足够的吸引力。为了达到新闻表现形式与内容的统一，需要新闻传媒以"最美"的形式处理新闻对象。

（一）新闻的文化功能

传播信息不是新闻的唯一功能与作用。新闻还具有一定的文化性，可以传递价值和精神，这对文化的发展与传播来说十分重要。新闻传媒以新闻界面为媒介，通过传播、引导行为规范、道德、法律等社会文化来帮助人们树立积极向上的社会精神。新闻工作者是广大新闻受众的代言人，通过丰富的表现手段来让新闻传媒发挥文化价值。

文化的价值体系是其核心要素，包括人在一定价值观作用下的行为成果、行为模式、象征符合等内容。传播媒介具有组织社会格局、引导意识形态的作用，它是价值的缔造者，而不是文化发挥作用的途径。通常来说，新闻传播媒介能够起到凝聚民心，影响受众价值观的作用；同步能够影响受众确认与接收既成事实的态度倾向，具有一定的文化作用。

新闻属于文化的一种，因此其本质上和文化是一样的，不但具有物质层面和文化制度层面两个属性，同时还具备精神层面上的意义，如文化意义和社会价值等。新闻传播媒介体现出了新闻的精神本质，文化实践作用显著，可以通过以下方面来集中体现其文化精神作用：

第一，新闻的舆论价值取向。无论哪种文化形式，都会以价值体系为核心。和人类文化相比，新闻传播更倾向于精神产品的性质，其作用和功能的发挥主要是利用文化引导和舆论导向来完成的。在对国内外各种信息进行传播的同时，新闻传播媒介可以引导受众树立正确的文化价值取向，营造良好的舆论氛围。文化具有社会性与意识性，价值取向是人类意识的重要构成元素。硬性的灌输式无法让新闻传播媒介起到文化传播的作用，它的文化价值需要在不断的引导和潜移默化的影响中实现。电视文化传播应具有积极主动性与目的性，而这些特性需要建立在价值导向正确的基础上。

第二，新闻增加媒介的文化含量。新闻文化含量的意义体现在两个方面：①表层方面，也就是涵盖的所有事物范围；②深层方面，是对精神文化内涵的特指。新闻信息以新闻文化为主要传达内容，而新闻文化具有非常广泛的涵盖面，涉及各个领域。既要对新闻的舆论导向作用予以关注，也要对文化意义所在予以重视。新闻报道的文化问题是指思维方式、道德情操、审美趣味、价值观念等精神文化层面的文化内涵。

第三，新闻塑造健全的人格。健全的人格要求，人的审美结构、伦理结构与认知结构要同步发展，也就是通常所说的真、善、美。新闻报道中的善恶、是非、对错与各种事件、人物都会影响受众的人格发展。新闻传媒行业应肩负健全国民人格、提升国民文化品格与文化素质的重要责任，将直接影响一个国家的创造力、凝聚力与生命力。

（二）新闻审美价值追求

当代新闻报道应注重审美思维方式的应用。人通过自身的感官去感受新闻的声音、画面与文字，新闻表达技巧的感染性、形象性、审美性与艺术性等，直接影响受众的接收程度。现代人关注新闻，不仅仅是从新闻传播媒体获取知识和信息，还更加注重新闻本身带给人的视觉享受与精神美感。

1. 新闻报道的审美思维

审美思维是表现过程与艺术创造过程中的思维方式，体现了行为操作与审美心理的高度统一。在审美思维中诞生的作品能够让人产生愉悦感，满足人们的审美需求。审美思维能够提高创造与把握形式的审美能力，反映到现实生活当中，会淡化与解决人的矛盾和困惑。也就是说审美思维在一定程度上会对社会的稳定产生较大影响。新闻报道的审美思维说的是对各种事件或者人物的报道和评论需要从审美的角度来进行，并把捕捉到的内容客观、如实地报道出去。就是新闻现场报道，也存在新闻工作者对事件表达形式与内容下意识或有意识的加工和筛选，新闻编辑与记者们的审美思维与审美感知将会直接影响新闻作品的审美价值。新闻的审美思维形式包含情感思维、视像思维、与创造性思维三大类。

（1）情感思维。新闻报道的作用和功能并不仅仅是对客观事实进行展示，还要通过情感判断与感性形式去对新闻事件的善恶做出判断，对内涵做出剖析，想要实现这些工作需要具备一定的情感思维能力。情感思维是指人们记忆里的情感对客观现实的作用，是一种思维形式和心理过程。新闻工作中的情感思维主要运用于新闻形式、内容与方向的选择、组合与取舍中，新闻工作者应从审美观念、道德因素、理性因素等高级心理情感方面权衡情感思维的运用方式。

（2）视像思维。视像思维是一种形象化的活动体现，具有一定的表象性质。在对事件进行表述时要具有一定的可视性和可感性，这样才能更加直观地将事件的整体进行呈现。当然视像思维不能完全等同于形象思维。它的艺术性特征更为明显，也就是具有一定审美意识的思维活动。其形象更为生动具体，并渗透了新闻传播者的情感因素。为此，新闻在制作过程中有着真实性和动态性需求。

（3）创造性思维。创造性思维是指凭借已经掌握的知识与已经获取的经验、教训，通过情感力量进行创造性的想象，有意识地加工，提炼记忆表象与视像的过程，创造性思维比一般性思维更具价值，把创造性思维运用到新闻传播中有利于更好地捕捉、感知、制作与传播新闻信息。新闻传播中的创造性思维，体现在对不同或相同事件的报道之中。

2. 新闻的内容美

新闻的内容美体现在新闻作品里生活现象的审美价值中。通常来讲包含两方面内容：①意境美与真实美，且真实美是支撑与实现意境美的关键。②哲理美。新闻作品的哲理美是指渗透于新闻报道中的哲理性。哲理性提升了，新闻作品的思想高度就会随之提高，新闻报道对受众的影响力也就更加显著，能够更好地激发受众对人生、社会以及时代的探索与追求。

3. 新闻的形式美

新闻报道中的审美思维极为重要，它的运用让新闻工作者能够对事物、事件、人物产生独特的认识和感受，在把感受转化为画面形象的过程中要注重新闻的形式美感。新闻的形式与内容关系紧密，脱离内容，形式无法独立存在；缺乏形式，内容则无法表达。新闻的形式美是指通过新颖、有吸引力的内容表达形式来传播新闻事实。通过提升新闻报道的声音美感和画面美感，能够实现形式美的提升，从而更全面、深刻、形象、真实地表现新闻报道的内容，使新闻更具征服力、冲击力与感染力。

第二节　新闻传播的本质与原则

一、新闻传播的本质

新闻传播的本质是对客观事实的反映，而且新闻报道只能根据事实描述事实。

（一）事实与新闻事实

1. 事实

（1）事实的类型。作为新闻本源的事实大致可以分为两大类：①在人类社会实践中发生的事实，诸如政治、经济、思想文化、军事外交等领域发生的事实，自然科学领域发生的重大事件，人与自然界做斗争所取得的成就、科技成果、发明创造等；②纯粹的自然现象。

在人类社会实践中发生的事实与纯粹的自然现象，为新闻提供了永不枯竭的源泉。各种事实的存在形态，它的外延和内涵，它产生、发展、变化的时间、地点、原因和结果，都有其运动变化的规律。事实是不以人的意志为转移的、具有确定性的客观存在，但人们可以通过发挥主观能动性去感知它、认识它。

事实具有客观性和可认知性，所以人们可以借助不同的手段和方式，诸如语言、文字、声音、图像等来描述它、表现它、反映它。事实的可反映性，是新闻传播活动得以进行的必要条件，同时为新闻传播手段和形式的丰富多彩、不断创新，开辟广阔天地。

新闻的本质虽然必须通过它的外在实体去认识，即从认识事实开始，但不能把事实视作新闻的本质。

（2）事实的特征。事实的特征包括：①事实不是抽象的符号，而是可视可闻的现象，因此可被人们感知和描述，可感性是事实的重要特征。②事实的客观存在是事实的根本属性，事实是一种客观存在，而不是先验于人们头脑中的主观体验，具有普遍、绝对和永恒的意义。此外，事实一般是可以认知的，具有可陈述性。不可认知、不可陈述的事象人们一般不称之为事实，事实一定是人们对于可认知、可陈述的信息的一种描述，在某种意义上具有确定性。③事实的内在联系揭示出事实的本质，事实的外部联系显示出事实的表象。事实是社会的细胞。自然界是由物质构成的，人类社会是由事实构成的。事实的发生和发展是社会的普遍性，每时每刻都有事实再现社会的动态，它们的互生和更新表现为社会的发展状态。

2. 新闻事实

新闻事实具有"未知性"特点，新闻事实指实在的现象、事件，但必须是绝大多数人未知的事实，如果某一事实已被大多数人知晓，那就不能称之为新闻了。新闻事实是由一般事实变动而来的，其本身往往会含有一些无知晓价值的细节和内容。

一般事实对于新闻报道而言具有重要作用，具体表现为以下两方面：

第一，一些事实看则为一般事实，实则可能发展成为奇异、重大事实。它们有可能是奇异、重大事实的先导或延续，也有可能为奇异、重大事实的出现起引导或铺垫作用，因而作用不容小觑。虽然大部分的一般事实在新闻事实选取和加工中会被舍弃，但有少部分一般事实可以成为新闻材料。

第二，记者对重要、奇异事实的界定是基于同一般事实进行比对的基础上而言的，较多并反复出现的事实可以肯定为一般事实，罕见的、偶尔出现的事实是对记者有价值的事实。

（二）事态与新闻事态

事态是指实际存在着的状态，即事物的状态。新闻作为反映客观存在的事实，其是由事态和物态两方面共同构成的，二者间相互影响、相互制约，具体表现如下：

第一，事态包含物态。在事态关系中，经常会出现某些物体被人和某一组织使用的状况，由此衍生出了一些附加物，例如生产工具、武器、食品等。这些在事态关系中处于被动状态的事物就是物态，其是新闻事态的承载物。一定的新闻事态一定是依附于物态之上的，借物态来表达与传递出来。

第二，事态和物态的关系不是单纯的耦合，而是必然和偶然的统一，新闻中大量的事态反映了事实发展的必然性。记者正是由此认识事实的趋向和本质，判断事实的意义。事态和物态从表面上看不是分离的，但它们之间的关系又不是单纯的偶然，而是必然和偶然的统一。新闻中的每一现象都是事实本质的某个侧面，记者采访得到的事实大都是片面的、表面的、局部的，更是多变的和易逝的。从事态与物态的总体来说，事象比本质丰富、生动；本质比事象深刻、稳定。好新闻摄录的事实应当反映这两个方面，再现事实的全面联系。

第三，事态和物态时时发生"用"和"被用"的关系，构成活生生的事实的现象链。事态离不开物态，任何新闻都是二者的有机结合。在事态关系中，经常出现物态的切入，即某些物体被人和某个社会组织所使用，构成事实中的被动物。作为事态的附加成分，常见的物态有日常用品、生产工具、食品等。一般而言，新闻中的人物多为具有社交能力的行为人，只有当这些人物与周边物态发生关系时，完整的事态系统才得以生成，新闻的外在结构才得以形成。

第四，仅有事态构不成新闻实体，只有当它与物态有机结合时，才能形成新闻的外在结构体系。对新闻工作者而言，要想再现事实的本质，就必须把握事态与物态的内在联系性，从而判断事实的知悉价值。任何一则新闻都需要通过一些事象得以表现，而任何事象都需要通过某一特定联系使本质得以表现，正是基于此，新闻建构才能发生效应。所以，新闻事实揭示的内在联系，让受阅者认识事件的必然性与作用，表现为事象与本质的统一。记者要兼顾事象与本质二者之间的关系，不能仅仅把目光聚焦于一方面。例如如果只关注二者的统一性而忽略了其对立性，就会使采访只停留于表面，从而否认了深入采访的必要性；如果只关注二者的对立性而忽略了其统一性，就会使采访陷入盲目中，从而否认了透过现象看本质的可能性。

（三）事象与新闻事象

事象是构成事实的自然因素，事实一旦出现和存在，就表现为多个事象的复合系统。事象作为事件的现象环，使事实呈现多脉络的现象序列。事象和事实的本质可能是分离的。事象是事实的外在部分，可被记者感受到有的事象可能从某一特定联系方面表现本质，有的则不能代表本质。对于记者而言，则是更准确地去感受事实的本质，即不被事象所惑，而能够透过现象看本质。通过对事物与现象的多维观察来接近事实本质。

新闻事象是指构成新闻事实中的复合性、运动性和可感性的元素，即每个最小时间单位出现的事实迹象，包括事实中一切能够被人感觉到的东西，可被记者目睹和描述。

事实是由多个事象所构成的复杂系统，它并不仅仅只受某一单一因象影响，而是众多因象相互作用、相互组合的结果。因象即指各种因果关系所产生的迹象，它是事物运动具有时空连续性的重要组成部分，正是基于此，事实才能够被人类，尤其是记者所感知并发掘。事实是独立于记者头脑之外而真实存在的，但一般而言，记者只能发现它的存在，而它的存在则是一种时空转换的撮合。

二、新闻传播的原则

（一）新闻传播的真实性原则

1. 新闻的真实性报道

人类精神活动从本质上来看就是认识世界并改造世界，从而使自身得到发展的活动。作为丰富人类精神活动的新闻而言，其本质也是如此。新闻传播在人类认识世界、改造世界的过程中起到了提供客观世界信息，消除人们认知的不确定性，从而使人们更好地了解、适应、应对和改造客观世界的作用。

作为公开传播新近变动事实信息的媒介，新闻的作用就是满足大众在社会交往中对于信息获取的需要。因此，新闻报道必须是基于事实基础上的真实报道。所报道的新闻事件从人物到事件的起因、经过、结果再到具体的细节，都必须准确无误。不能有任何虚构、夸张的成分，更不能无中生有、随意杜撰。否则新闻就失去了其存在的意义，也会对人们的社交进行阻碍。人们只有在了解世界的真实情况后，才能更新自身认知、调整自身行为。相反，如果新闻提供给大众的是虚假的信息，它就可能造成大众的错误认知，从而误导大众的行为，对人们的物质和精神生活造成影响，进而导致整个社会机体失去原本秩序。所以，对于新闻报道而言，真实是最基本的要求；对于新闻报道者而言，传播真实有效的可靠信息、坚持新闻的真实性原则是其最基本的工作准则。

"真实"是日常生活中使用频率极高的一个词，一般来说，真实就是指人们对实际存在的事物的认知和表述符合事物本身的面目，当"真实"这个概念与特定的学科领域相关联的时候，真实的含义不尽相同。文学艺术讲求通过虚构、想象，通过对人与事的原型加以改装、拼凑、杂糅、变形来达到艺术上的真实，它是超验的，人们不必将文学作品中描述的人和事同现实对号入座，落实。哲学和科学也讲真实，但那是通过思维对具体事物的高度抽象而达到的观念上的真实，它虽然在根本上源于客观、具体的事物，但却抛开具体的事物，以真理或公理的形态存在着。

新闻要求的真实性是建立在事实的基础上的，新闻报道必须符合客观事实的实际状况。一般而言，新闻的真实性包含五大方面要求，具体如下：

（1）基本要求：新闻所报道的所有事件，必须是客观、真实存在的事实，不能随意捏造、夸大等。记者在进行新闻采访时要实事求是，确保新闻内容是建立在第一手资料基础上的。即使没能获取第一手资料，也应该对第二、第三手材料进行仔细的审核，以确保内容的真实性。

（2）新闻必须对事实进行准确无误的报道，达到如其所是的程度。通常情况下，它包含了两方面的内容：一方面要求新闻传播者具备较强的实践能力、较高的文化水平以及丰富的文化知识，能对事实进行准确的把握、认知及判断，从而进行真实地报道。另一方面要求新闻报道者在进行新闻报道时，能够运用正确的符号化手段准确、真实的再现事实。

（3）新闻的真实性不仅体现在单个新闻事件的报道中，还体现在连续新闻事件的报道中。及时性是新闻传播的重要特性，而随着现代科技的发展，新闻传播的及时性也不断发展，甚至向实时性和同步性推进。新闻报道的及时性、连续性主要体现在两方面：一方面由于事实不是一成不变的，它是会变化发展的。对于事实的报道可能在当时与事实相符，但随着时间推移，如果不对最初的新闻事实进行跟踪报道，未来的某一时刻则有可能发生报道与事实不符的现象。从而使新闻无法完整地反映事实真相，丢失了新闻的真实性。另一方面，记者在进行新闻报道时过分追求速度，而导致第一手资料存在模糊、笼统甚至错误的情况时有发生。为了弥补这些失误，除依赖媒体发表声明以外，还依赖于报道的连续性，即通过后续报道对此前的报道进行纠正及完善，从而确保新闻报道的真实性。

（4）新闻的真实性从更高的层面上要求新闻不仅能反映事实真相，更能准确揭示事物之间的联系。

（5）新闻的真实性从更高的层面上还要求新闻报道从整体上对客观世界进行准确再现。这种整体上的真实有赖于新闻媒体对报道量的控制，单单凭借记者个体是远不够的。对于记者个体而言，其只能保证对个别事件的真实性负责。因此新闻媒体对报道量的控制尤为重要。然而这种控制能否反映社会现状，则取决于新闻媒体对社会信息资源的把握和认知是否准确、新闻媒体是否公正、整个媒体环境是否健康和谐。

2．新闻真实的相对性和限度因素

新闻本身往往是各种力量作用下的产物，因此，在这些力量的作用和影响下，新闻的真实性有时候难免打折扣。这些因素除了上面提到的伦理因素、法律因素和时效因素外，还包括以下因素：

（1）新闻价值取向。特定的新闻价值观往往不仅决定了新闻传播者对事实的选择，而且决定了对选定事实的再现方式和方法。譬如，如果强调事件的新奇与轰动效应，那么事件中包含的需要理性分析和对待的成分就可能被忽略；如果强调以正面报道为主，那么灾难的抢救和善后工作可能会得到突出，而灾难的程度、原因和后果便相应地缺失甚至不予报道。可以说，在某种程度上，在新闻媒体就某个事件做出低调处理或重点报道的决定之际，就已经决定了事实无法按照其本来的面目得以再现。

（2）新闻政策。新闻价值的限制因素时已经指出，在对新闻的社会控制中，新闻政策比新闻法规或相关法规更为灵活，它能够根据新闻机构的具体活动情况迅速制定和调整。在新闻实践中：一个新闻事件，新闻机构最初给予了及时报道，但是随后接到有关主管部门的通知，不宜或不许继续报道，在这样的情况下，对事件的追踪或追溯就无法展开，新闻的真实性程度于是被削弱或冲淡。

（3）意识形态。意识形态有"特殊概念"与"总体概念"之分。特殊概念"被看作对某一状况真实性的伪装"，这种伪装由起初的有意识或半意识，最后发展到了无意识。总体概念是指某个被历史地决定了的社会阶层不同于其他阶层的思维范式的思维。任何一个新闻传播机构都会自觉或不自觉地遵奉某种意识形态，从而影响新闻对事件的真实报道，甚至有可能歪曲事实。这种情况，在意识形态对立的媒体之间就同一事件的报道中表现得最为突出。因此，对不同意识形态下的新闻报道，在考察其真实性时应予以警惕和辨析；而对新闻传播者来说，自觉意识到这一点，就应该努力遵循新闻自身的规律，通过平衡报道尽量减少和消除意识形态因素对新闻真实性的干扰以上分析了一些影响新闻真实性的因素，这些因素的存在，不仅进一步表明，新闻失真失实这个问题在某种意义上会永远与新闻传播活动相随，同时也意味着新闻传播活动是一项极其复杂、充满矛盾和困境的社会活动，更意味着在种种矛盾和困境中，新闻传播者为追寻真相、维护新闻真实，必然要进行艰苦的努力，甚至要付出较大的代价。

（二）新闻传播的时效性原则

新闻界是以向人们提供信息而存在的一个行业，是以传播信息为生的职业。任何信息的作用都在于减少或者消除不确定性，消除的不确定性越大，信息量就越大。因此，传播的内容必须都是受众未知的，这样才能发挥媒介帮助人们监测和应对日新月异的社会环境变化的功能。

1. 新闻时效性的具体内容

新闻的"新"应该是这个文体最具魅力之处，同时也表明了新闻存在的价值。通过新闻，能掌握变动不居的现实世界的各种变化，从而更好地展开自身的各项活动。随着社会的进步和人们交往的不断加深，生活节奏逐渐加快，人们对新闻的需求也越来越迫切，新闻的时效性反映了新闻传播的基本规律。

新闻的时效性原则有两个方面的含义：一方面，报道的新闻要在内容上具有最新和最前沿的特征。新既是指的刚刚发生的事件，又包括以前人们所不知道的或者是没有发现的；另一方面，不管新闻的"新"在内容这个层面所指涉的含义有何不同——最近发生的事件、对过去事情的新发现、超越常规的新异奇特之事，如果是经过记者非常低效和漫长的生产过程之后再发表出来，新闻也就成了旧闻。所以，新闻的时效还有另外一个必不可少的组成部分，即新闻对新的事实的反映要及时，要快，所以新闻界有个习惯说法叫"抢新闻"。新闻的"新"最终还是要依靠传播者的"快"——在强大的时间压力之下采、写、编、播新闻，要快、要抢先、要先声夺人。这两个方面密切相关，不可分割，从新闻传播活动本身着眼，第二个方面是第一个方面的保证，这就是时效性原则。

2. 新闻时效的把控

随着媒体对于时效性越来越重视，能否在最短的时间内发布最新的消息成为媒体是否具有竞争能力的重要体现。新闻时效的把控，离不开传播主体和传播技术条件两个方面的共同作用：

（1）新闻传播主体需具备的条件。新闻传播主体要想在最短的时间内报道事实，首先需要对信息的来源进行准确性和稳定性的判断，而且还要及时的赶赴现场，进行第一手资料的收集，然后采用多种发现形式如图像、文字、声音等方式进行记录，为之后的及时报道做好全方位的准备。时效性对记者的业务素质有一定的要求。

是否拥有较高的新闻敏感度直接决定着能否赢得时效。极强的应变能力同样非常重要。记者需要在最短的时间内采集信息，形成一篇还原事件的报道，不仅是对记者的调查采访能力、新闻写作能力的考查，也是对记者的知识储备、快速调动已有的知识背景和操作高科技的通信设备的能力的考查。同时团队之间的协作对实现新闻的时效性也十分重要：从新闻报道的整个环节来看，不管是进入现场的时间，还是对选题内容进行确定等，都需要新闻工作者的积极配合，所以说一个好的新闻报道需要发挥新闻工作的团队合作精神。

（2）新闻时效传播技术手段。人们对于新闻时效性的要求随着技术手段的发展越来越严格，同样，没有技术手段的支撑，新闻报道也就不可能实现越来越与事件发生同步。人类的信息传递工具从最初的烽火台、驿站，发展到后来的现代交通工具，再到电报、电话，直至通信卫星、国际互联网络，信息传播的速度越来越快，时效性也就越来越强。尤其是互联网普及后，当某件事件发生，某些关口还来不及反应、相关障碍还没有建立的时候，有关文件的消息就已经传遍世界。传播技术的运用使传授同步进行，几乎取消了事件发生时间与受众接收时间之间的时间差。

通信卫星和互联网技术，已经将新闻传播业在时效上的竞争推向一个新的层次，同步直播成为很多广播电视栏目的重要构成因素，使得"今日消息今日报道"模式这种报纸最优时效的标志，发展演变为以"现在消息现在报道"的模式为最优时效的标志。

就时效性而言，新闻传播的常规模式，经历了的阶段有：定时：在固定时间播报新闻；及时：在尽可能接近事件发生时间的时候播报新闻；实时：与事件发生时间同步播报新闻，现在互联网络以及24小时全天候新闻节目，正在将"全时"模式导入新闻报道之中，即在任何时间里发生的事件都会以最快的速度播报出来。

第三节　新闻传播的功能

一、新闻传播的直接功能

新闻传播媒介的直接功能使人们直接认识媒介的影响力，根据媒介的引导进行分析，增强人们的主动性。通过对新闻传播内容的分析，人们改变了自己的看法、改变了生活，进而改变了对环境的认知，从而快速地适应环境。直接功能主要有以下类别：

（一）信息功能及沟通情况

传送和接收信息是传播的基本功能，这是其他功能与作用的基础。新闻传播媒介具有的全部作用都是在信息功能的前提下形成的。人们重视新闻传媒业，是因为能够从中收获不同的与利益有关的信息，新闻传媒业具有信息交流的功能，既可以通过报道来传播很多新闻信息，而且还能够通过评论或广告来进行信息传播。传播的信息越精湛、越多样化，评估和预测的准确度就越高，活动选择的范围也就越广泛。

从微观的角度进行分析，人们应该及时地掌握衣食住行等方面的新消息，在生活水平提高的同时更加重视精神上的需求与享受。因此，大量与娱乐、健身等相关的信息相继被传播出来，无论是个体还是组织，社会还是国家，都应该及时地掌握各方面的动态。在现如今信息时代的背景下，高科技领域、科研领域的研究等都以惊人的速度在发展着，个体与个体、个体与组织之间的联系逐渐密切。针对这些，人们都应该及时地了解更新的信息，进而改变自己的外在表现和语言表达，尽快适应新的动态环境，和传递信息功能相同的是，新闻传媒还具有沟通情况等社会功能的体现。大量的信息通过新闻媒介得以传播和扩散，并将党的基本政策和思想方针传递到大众心中，而且政府和职能部门也可以通过新闻媒介来了解和听取普通大众的意见、想法、愿望和建议等，所以可以说在这个过程中，新闻媒介真正地实现了连通和传递的社会功能。

在现实社会中，新闻传媒也具备"瞭望"的功能，带给人们方向的同时还指导人们团结协作快速地适应环境，消除环境中的有害影响。信息功能主要分为三个环节：①提供环境信息，有利于人们充分地掌握环境动态；②在已经适应环境的前提下，保证社会的每个组成成分之间的密切联系，促进其相互协作，实现资源整合；③在积累信息的过程中总结各种经验，并掌握生存经验。

总之，信息交流与信息传播是新闻传媒业必须具备的基本功能。新闻传媒传播着最新的信息，改变着每个个体的认知环境；为组织机构的决策提供参考意见；促进社会成员之间频繁的交流与互动，保证决策的科学性、政治的民主性以及社会的良性发展。当然，在物质与制度环境得到保障的前提下，功能应该是才能被发挥出来。

（二）社会整合及传播形象

整合营销传播强调（传达同一个声音，树立鲜明的形象），新闻传媒通过信息传播促进社会整合，协调社会，促使社会呈现"和而不同"的面貌，并在对外传播的过程中，传达一个国家和民族的声音。

1. 社会整合

进行社会整合，大众传播具有迅速、广泛和公开的特性，宣传作用十分强大。为了更好地适应不断变化的环境、实现社会各元素间的统一与协调，可以通过宣传来实现新闻传播协调、沟通和联络社会关系的功能。

国家和政府可以通过宣传来指导国民行动，影响人民思想，让政策和方针能够更好地传递到人民群众中。政府借助宣传来树立国家形象、促进局势稳定、凝聚群众人心、鼓舞人民信心，向百姓传布政令。通过宣传经济、政法等方面的知识，引导公民树立改革开放的思想与民主政治观念，提升公民的人格素养、文化、道德、法律意识与政治意识。对于产品与企业来说，宣传可以被来帮助流通、指导消费、发展品牌、树立形象。

宣传要有艺术性，遵循信息的传播规律，以免让传播受众产生逆反心理，适得其反。通过引导、影响、反映社会舆论，可以充分发挥新闻传播的宣传作用。社会舆论是新闻传媒宣传作用的力量源泉，同时也能够生成、影响社会舆论，进而影响人们的行为与思想。宣传过程对社会舆论的影响作用，能够促进社会的整合与发展。

2. 传播国家形象

传播国家形象是公共外交与对外传播时，所有国家的新闻传媒共同具备的作用与功能。对外传播能够影响国际合作与国际事件，帮助国家与民族树立形象，让民众认同本国的外交政策与国家形象。

实施公共外交可以通过两个途径：①通过本国政府控制的国家广播、新闻等新闻传媒向他国民众实施宣传，发挥公共外交的作用；②各国非政府组织与民众组织进行的民间友好交流。

一个国家通过对外宣传争取他国认同的能力是这个国家软实力的体现，对于国家来说，科技实力、经济实力等"硬实力"与意识形态、文化形态等"软实力"都属于国家综合国力的一部分。"硬实力"的作用和地位毋庸置疑，但不能因此而忽略"软实力"的影响和重要性。在社会高度信息化的今天，"软实力"的影响力也越发突出。"软实力"是指一种思想同化力，表现为外交事务的公信力、制度的吸引力、意识形态的渗透力与文化的影响力等。

新闻传媒能够利用意识形态、文化形态、价值观、制度等重要资源来影响国际社会的发展。一个国家的"软实力"不仅会影响世界上其他国家、政府、民众的态度以及国际社会的发展，还能够影响国家内部的发展。通过宣传，新闻传媒能够增强国民凝聚力、强化民众的向心力，促使人们就国家利益问题达成共识。

（三）媒介监测环境及引导舆论

新闻传播媒介监测环境与引导舆论的功能是密不可分的，新闻传播媒介通过及时、快速地对外界环境的变动情况进行了解，报道自然环境、社会环境、改治环境、经济环境等方面的最新状况，在把握客观事实的基础上，实现舆论监督的功能。

1. 监测环境

自然环境和社会环境是动态的，新闻传播为人们提供即时性的消息，主要是生存的经验与教训，或是外在的行为表现等，进而引导人们有意识地保障自身的生存与发展。

2. 舆论监督

从新闻传播的角度来说，舆论监督是指通过新闻传播将社会上的违法以及违背道德的行为曝光出来。舆论监督体现出了速度性、公开性、即时性等特点，还具有影响力强、导向明显等优势，使得舆论监督虽不具有强制性，但是在国家的政治、经济和生活中发挥出了强大的影响力，然而，舆论监督的影响力与新闻传播本身没有关系，但是与新闻内容中潜在的涵义具有明显的关联。新闻传媒是舆论监督至关重要的载体。

第一，新闻传播媒介实施舆论监督的条件。舆论是建立在一定的新闻基础之上的，新闻传播机构对新闻的报道和评论一定要遵循时效性原则，这样才能有利于人们对真相的把握和认识，从而进行意见和评论的发表等，在民主政治制度的治理下，舆论监督也是新闻媒体的一个重要的社会职能，这是建立在言论自由和信息公开基础之上的。想要实现新闻媒体的新闻舆论监督职能需要满足两个基本的条件：一是能够将足量的舆论信息提供给公众，也就是能够产生一定的事件真相和情况，并促进公众了解和认识一定的政治生活、社会生活以及经济生活等；二是人们在掌握了一定的信息后，需要客观的、理想的去评价和判断有关的政治、经济以及社会现象，或者是对人做出公正、客观的评价。

公开是新闻舆论监督可以有效实施的客观条件。一方面，新闻媒体作为传播媒介应该尊重人们的知情权，促使政治权利更加的公开化与透明化；另一方面，政府具备的权利应该通过新闻媒体发挥出来，促使人们正确地认知周围的事物。只有全面掌握事物的情况，人们才能形成自己的见解，将自己的思想观点表达出来，进而产生舆论与监督。

第二，新闻传播媒介的舆论功能。新闻传媒的舆论作用主要体现在舆论的正确传播上，人们与舆论信息联系的载体就是传播媒介。从新闻传媒业的角度而言，社会舆论能够体现出人民群众的心声，而新闻媒介的作用则是将公众的意见以及需求传递给当权者。从而帮助政府把握民众的动态和思想状况，对制度和政策进行及时的调整和完善，加强党和政府的领导作用。

（四）提供娱乐作用及陶冶性情

新闻传播媒介的娱乐作用体现在对受众快感与兴趣的激发上。很多传播文娱、风土人情、奇闻逸事的软新闻，娱乐性和趣味性较高，能满足受众的好奇心。基于新闻传媒对受众的引导与影响作用，好的新闻能够培养受众的欣赏水平、兴趣爱好与品德情操，而娱乐性更强的优秀新闻则能够引导受众树立正确的生活信念与生活态度，有利于社会的稳定发展。

随着社会的发展，人们的生活水平不断提高。在物质追求得到满足的前提下，人们精神方面的需求越来越强烈，娱乐也就成为人们日常生活中不可或缺的一部分，在过去，新闻传播媒介的娱乐功能非常弱。随着人们对娱乐性的要求越来越高，新闻的娱乐功能开始得到重视。互联网的高度发展与普及让我国的通俗文化出现了很多的新闻媒介，传播通俗文化。新闻的娱乐性能够很好地激发受众的快感与兴趣，满足受众情感与精神方面的追求。通过传播健康积极的娱乐信息，引导受众树立正确的道德追求，培养高尚的修养品德，让受众在娱乐中感受人性的光辉。各传播媒介要肩负起社会道德建设与引导大众树立正确道德价值观的社会责任，向受众传达知识、智慧、幽默、健美与风尚。

二、新闻传播的社会功能

传播的功能是人们在社会中可以直接感知到的作用力，影响着人们对环境的认知。新闻传播也会产生一定的负面影响，这也是新闻传播者和受众应该尽量避免的。新闻传播媒介对社会的较大作用可称为新闻传播的功能。同一种功能既可产生正面积极作用，也可产生负面消极作用。新闻传播的各种功能也是如此，因此要尽量避免负面作用的产生，促进新闻传播积极功能的实现。

（一）传播社会功能

1. 传播社会功能的分类

（1）从功能呈现的方式进行分析，传播的社会功能包括显性功能与隐性功能，显性功能是指显露在外的且不需要深度察觉的作用或效能，而隐性功能是指人们很难察觉到的功能。这两者所具有的功能有正向的，同时也有负向的。

（2）从功能应用的区位进行分类，传播的社会功能包括思想功能与交际功能。思想功能指各种传播活动能够对人们的主观意识产生不同的作用，例如休闲娱乐、教育启发等。交际功能指传播活动能够影响个体与个体之间的互动以及关系的形成，例如，朋友之间的关怀和亲人的爱护、放松和娱乐、消除孤独感、克服困难等。

（3）从功能的效果进行分析，传播的社会功能分为正功能与负功能。前者是指信息传播的标准效果，即传播者提前设定的目标。整个过程中，如果传播者能够认真仔细地完成每个环节，一般都能达到正常的效果。负功能是指在传播过程中，传播者最不想看到的负效应。在大众传播中，正功能发展为负功能的概率较高。垄断意见、信息成灾、虚假信息、麻痹人们等都是受到负面评价的负功能。负功能对正功能具有干扰等影响，当正功能得到了正常有效的传播，会避免负功能的发生。

（4）从功能产生的垂直角度进行分类，传播的社会功能包括直接功能和深度功能。直接功能指在社会活动中容易感知到的功能，它是人们认知思想形成的影响因素。其深度功能则通过对人的社会、政治、经济的深入影响改变世界的状况。这种深度功能建立在直接功能的基础上，是一种潜移默化的影响，但这种影响最为深远。

2. 传播的深度功能

传播的深度功能能够促进个人的社会化，推动经济发展，提升政治化水平。具体有以下方面：

（1）社会化就是指作为个体的生物人，通过社会交互作用，学习社会文化，参与适应社会生活，成长为社会人的过程。两个方面可以体现人的社会化特征：①人们的日常生活、学习和工作都是在一定的社会关系中进行的，包括技能和知识的掌握以及与人的沟通和合作等都具有社会性；②每个人都需要参与到社会生活中去，从而更好地适应社会发展需要。所以人们通过参与社会和学习社会的过程中达到社会化的高度统一。

（2）大众传媒和人们的日常生活有着密不可分的关系，具体表现在以下方面：①大众传播为人的社会化提供内容支持。媒介为人们获取生活方式和劳动方式提供了渠道，像人们的社会体制形式、人际交流形式和婚姻家庭形式等都和媒体的关系是密切相关的。人们从媒体报道的新闻中了解到人的社会性是在相互作用和相互影响下而产生的。人们还可以通过媒介来获取生存手段和生存目标等，这也是人的社会化的重要体现。②大众传播建构人的个性化和价值观。人们通过相互作用和相互合作形成一定的社会化共性，但在这个过程中，也会有个性的形成。人在形成社会化本质的过程中，也会产生不同的气质、性格以及兴趣等，而且在思想认识上、品德形成上也各有差异。媒介对人的社会化形成产生影响，更重要的是影响人们的个性形成，从而对受众造成一定的塑造和感化作用。媒介将社会价值的典范通过传播形成对公众的引导和启发作用，从而促进公众正确价值观的形成。③大众传播提供人的发展方向。大众传播中的人物新闻、社会新闻展示了人的复杂经历和应有的生存方式。

（二）新闻的社会功能

报道新闻是大众媒体"第一功能"，是其他功能实现的基础。新闻媒介被形象地称为："社会守望者"社会雷达"社会监视器"，它们都是在强调新闻事业的环境守望功能。在信息时代，受众们更是如饥似渴地追逐着自己感兴趣的新闻，以此来适应环境的变化。具体有以下方面：

1. 新闻报道的社会功能

大众传媒通过专业新闻活动发现社会中的事实并将其公布于众，从而起到抑制丑陋现象的作用，促使社会能够按照规范有序运行，这被称为新闻的监督功能。舆论被称为大多数人的意见，它对个人、社会群体乃至政府都能起到一定的制约与监督作用。媒体通过新闻报道引发并促进舆论，传播并代表舆论，新闻中的借古讽今对社会的监督内容是多方面的：大致社会的经济基础和上层建筑，小至社会成员的个人行为；上至政府的路线、方针、政策，下至社会的某一具体事件，力求维护社会的正常秩序。

（1）国内新闻报道的社会功能。各类新闻报道涉及社会生活的多个方面，能够满足不同受众的不同需要。比如，近年来很受欢迎的民生新闻，将平民在生活中遇到的酸甜苦辣播出来，促进民生、民权问题的解决。又比如体育新闻和娱乐新闻，因为人们有了较好的经济条件和更多的休闲时光来享受精神文化生活，休闲娱乐成了现代人生活中不可或缺的内容。

（2）国际新闻报道的经济功能。国际新闻中的经济报道分为三个部分：①国际经济报道。国际经济报道探讨的是生产要素在国家之间的流动与控制问题，与国际经济学一致，在内容上可以分为国际贸易、国际金融和国际经济关系报道三个方面。②对外经济新闻传播。对外经济新闻传播的主要目的是在向接收者宣传本国文化和生活方式的同时，提供更多的可供经济选择和决策的信息，促进本国经济的发展。③全球性经济新闻报道。全球性经济新闻报道是经济全球化和跨国媒体集团的伴生物，主要是指世界性通信社和跨国媒介集团对世界性经济事件和现象的整体性报道。这些报道从各个方面丰富着人们对世界经济信息的了解，为国际经济的发展提供了帮助。

在提供经济信息的同时，国际新闻的经济功能还有解读各国经济政策和社会经济活动、监督社会的经济运行、传播经济意识和消费观念、促进本国和国际经济发展的重要功能。在国际新闻领域，国际新闻本身也是可以带来利润的商品，国际新闻的交换、购买和收看都有经济的因素在起作用，而著名的国际媒体也往往是著名的商业企业，国际新闻商品化是与媒体的企业化和市场交换机制的形成同时开始的。

（3）国际新闻报道的文化功能。国际新闻与文化和跨文化传播具有密切的关系，新闻本身就是一种文化的符号和载体，国际新闻也是跨国跨文化的新闻。社会整合，也就是一个特定社会成员通过某种方式而凝聚在作为社会核心的价值观、信念周围，彼此结成紧密关系并在行为方式上基本保持一致。国际新闻提供的社会整合包括两个层次：①它可以通过传播新闻而增加国家层面的共同体意识；②在当代全球传播的环境中，国际新闻传播还可以增强人类的共同意识。

2. 新闻评论的社会功能

新闻评论指传播者通过新闻传播媒介，对最新的事件、问题等进行理性分析，形成自己独特的见解并直接表达出来的言论的总称。

（1）教育受众的功能，新闻评论主要是指对及时更新的新闻事件以及其他的新问题进行评论。人们在了解新的问题时不仅要知晓问题的结果，还应该分析问题产生的原因，对其进行全面的了解，尤其是对社会所具有的意义，新闻评论恰恰在这方面表现出相应的功能，评论人在观察生活以及分析问题方面更加深刻，有着自己独特的见解，通过分析并探索事物的本质与内涵，引导读者对身边的事物用心观察，启发思想并从中学习。

（2）舆论监督的功能。具体来说就是反映民意，舆论监督。新闻评论为民立言。新闻评论对党和政府以及社会其他层面都具有舆论监督的功能。

（3）舆论导向的功能，具体来说就是批驳谬论，坚持真理。

三、新闻传播的深度功能

人类社会发展的方方面面无不受到新闻传播的影响，这些影响可以推进社会的政治变革和社会经济形态的发展，还能培育人的社会化，它们构成了社会发展的意识动力。新闻传播的深度功能体现在以下两个方面：

（一）培养社会化

大众传播对人形成了极大的影响，在其自我成长发展的过程中，在社会化媒体的催化下，人类的意识形态逐渐走向了一个又一个阶段，而且不同阶段都表现出了不同的社会化认知，人与传媒形成了互动的统一体，进一步激活了社会主体的活力，推动社会持续不断地向前发展，人类的社会化便是在这样的环境中，通过学习社会文化、开展社会交互活动，从自然人逐渐成长发展为社会人。人类的社会化具体包括两层含义：①个人要积极参与社会生活，通过全面适应社会环境，充分展现个人的社会经验；②个人经过在学习活动中积累经验，积累社会规范、技能及知识，获取社会成员的资格。

1. 培养社会知识、技能和规范

（1）培养了人自立于社会的能力。大众传播对人们积极地参与社会化活动产生了积极的推动作用，并获得了更多途径参与到社会关系的建立中，并最终在社会中得到自我地位的认可。另外，人们在传播媒介的影响下，可以习得社会化理念，通过遵守一定的规则，让自身更加社会化，这便是的群居生活，传媒对人的促进作用，不仅通过新闻传媒及传播内容帮助人们能动地反映世界，人们的行为也会通过形象思维、逻辑思维及抽象思维展开。人们在传媒的影响下，引发一定的情感反应，有利于人们对是非善恶进行判断，并在此过程中形成自己的价值观念，更好地满足对生存目标及生活的追求，帮助人们更清楚地认识自我。总之，传媒不仅让人拥有社会独立的能力，还推动了人的社会化进程。

（2）提供人的发展方向。人类在自我发展中，通过大众传媒找到个人的发展方向。尤其是社会新闻人物、励志类新闻等生动展示了人们的生存方式及复杂的生活经历，可以培养人们正确的价值观。通过新闻传媒，人的发展可以完全展现社会关系，新闻传媒决定了人在社会关系中发展到何种程度。人与社会、人与自然及人与人之间都存在一个从"片面"到比较"全面"的过程，而且在社会传媒的影响下，自身处于时刻发展变化之中。

（3）培养人的个性化和价值观。人的社会化进程伴随着人们在社会交往中的个性与共性发展。哪怕是在社会化过程中表现出相同的本质，其结果也有可能各有不同，这主要是受每个人的气质、兴趣以及性格不同而造成的，甚至包括个人品德、觉悟、意识及思想等的不同。总之，人类在共同的社会生活环境中，既有可能在行为方式和生活方式上有所类似，也还会产生不同的个人差异。

在新闻传播的推动下，人们的社会化发展更为突出，尤其人的个性化培养受到了重要的推动。受众可接收各类人物的感化，在社会化实践中，个人以自身生理为基础，塑造特殊素质。以大众传媒构建的拟态环境为依据，人们可对具体生活环境进行一定程度的判断，同样是个人社会化的产物。

人在社会生活中实现了个人价值及社会价值，这种价值因人而异。人与人之间不同的价值，容易造成不同的价值观。而一旦人们在社会传媒中获得知识、行为规范及技能，这也就意味着个人的社会价值观同样会在传媒中获得。通过传媒，人们可以依照各种社会价值范例，从中找到适合自己个性化发展的人生。

2. 媒介文化的中介作用

社会是文化发展到一定阶段而产生的，也可以说社会是构建在一定物质和社会意识层次文化基础上的。因此，文化的存在使得人类的活动趋向于社会化，而传媒是对社会文化进行传播的一个介质。个人和社会的关系有两个层面的体现：①如何让个人加入社会组织中；②个人怎样获得社会的认可，通过传媒的作用，使得个人、社会和文化之间保持着一个相对均衡的关系。

（1）媒介文化对个人的哺育。媒介文化在人们的生产生活中无处不在，时时刻刻影响着人们的生活。人们自出生以来，便会受到媒介文化的影响，使其渐渐进入社会化。的媒介文化，基本涉及媒介传播内容、运作方式以及由此构成的特殊意识形式、载体活动等。文化包含人与人间的意识关系、政治关系及经济关系；而且，人与人之间通过政治制度、经济制度产生一定的联系，从而进一步进入社会化。为了使得人们对社会有全面的接触及认识，可通过多样、包容、多元及开放的媒介文化，在新闻报道中宣扬人与人的文化交往及社会角色的转化。

个人生存的环境毕竟非常有限，不可能全面直接地对整个文化动态进行了解和观察，所以也可以说不能全面的去了解整个社会。而媒介文化则是通过文化传播，使得个人对社会有深入的接触和了解，从而更全面地去把握社会发展。由于文化的存在而促进了人类的发展，而媒介文化则是将更优秀的生活方式传递给人们，促进了人类文明的发展。此外，通过媒介作用，个人和社会对文化产生一定的影响。由此可见，个人和社会共同作用于文化，促进文化的发展也成了个人和社会活动的目标，而在这个过程中，人的创造力和社会活动的体现都需要经由媒介来实现，而同时人也会受到文化的反作用产生一定的变化。

（2）媒介文化对个人观念的改造。人在社会化发展的过程中，受到媒介作用的影响，自身的发展理念会得到一定程度的改造。尤其在家庭、学校及社会中，个人的主观世界在文化的影响下不断丰富与发展。

随着外部文化的不断渗透，个人在成长过程中，观念会得到一定程度的演变。在此期间，大众传媒起到了重要的作用，它可以提供重要的信息资料。在媒介传播中，意识文化以语言、图像、音符等作为存在的依据；在历史及现存文化的熏陶中，个人行为借助媒介文化完成体验，进而使经验转变为自己头脑中的意识，最终形成自己的行为。

其实，人的观念在媒介文化的影响下，表现出两种不同方式：①人们通过自觉活动掌握文化事实，这也叫文化事象。人们可以对媒介传递的文化行为进行模仿，从而对新闻中的事件进行了解和认识，并对文化范式进行接收。人们的生存方式在一定程度上反映了人们的行为文化，并经由事象文化的形式向其他人进行传递。人类将媒介披露的鲜明事象传递给受众，使其在认知中树立某种观念。②显意识在媒介文化中的作用。媒介对文化模式的表达，采用的是明确的思想观点，其中尤以科学文化及政治文化最为突出。在社会生活中，人的意识被各种文化观念左右；而且，人在媒介文化的熏陶中，个人意识逐渐演变为鲜明的观点，最终形成了人的思维习惯、方法及思想倾向。

在媒介文化的作用下，人形成了决策观念、意向观念及知识观念。而媒介文化在个人的心理发展中具有一定的导向作用，如此，在公众意识中，文化朝着形态转化，继而催生出新的文化成果，然后借助媒介语言，将这种文化理念传播到社会中。

（3）媒介的文化的建设与发展导向。媒介组织是社会规范的宣传员，掌握着大量的社会舆论，一切社会行为的规则及方向都需要文化理念进行引导，从而强化发挥社会凝聚力的功能。然而，多数的社会行为仅通过本能进行调节，难以构建统一的社会行动，这时就需要发挥新闻传媒的文化引导作用，规范人们的社会行为，得到大众的共同行动及认可。

媒介文化的影响力较为深远，不仅影响一个团体、一个民族，还影响具有某种一致信仰的群体行为。这些影响范围，不管在个人抑或族群层面，都需要一个回环往复的再生产过程，在与外部社会因素的协调及碰撞中，进行确认及加强。比如在云南少数民族地区，采用互联网传播工具，在族群认同建构中引入了社会场景因素，改变了适应的个人族群，强调文化同化、传统的线性认同建构模式，为实现多维文化认同的建构提供了可能。

多元化价值体系的建立，得益于互联网的传播。通过互联网传播，民族社区不再处于封闭的状态，更多的外来优秀文化成果被吸收进来，从而形成了民族地区的多维认同体系，有效发挥了媒介的建设作用及文化导向。

（二）推动经济形态的发展

经济形态是指一国的经济是自然经济还是计划经济或商品经济、市场经济。社会的经济运动情况都可以从经济报道和经济评论中可见一斑，有利于人们对经济发展动向的把握。经由媒体的报道和传播，让人们对现有的经济状况和经济问题有比较客观公正的认识。有利于人们经济联系的强化，经过长期发展，媒体能够对经济形态的规则变化进行预测和把握，这对经济制度的改革和发展具有较好的导向作用。

1. 展示经济的发展动力

人们经由新闻传播媒介进行的经济报道来对社会结构进行认识，有利于其生产力的提升和社会改造进度的加速等。

（1）揭示需求与经济的关系。大众传媒所进行的经济新闻报道在本质上促进了社会需求和经济增长关系的相关度。经济新闻中产品市场化报道有利于人们对需求和生产之间的关系认识得更为透彻；而且通过解读国家的宏观经济政策和经济结构来促进社会和经济关系的改善和重新构建。

（2）反映经济形态的构成。生产力决定生产关系，是经济形态发展的动力。在社会发展中，经济形态作用于上层建筑，反作用于生产力。结合大量的政治经济报道可知，人们的正确认知以及对经济形态变化规则的掌握，便得益于上述经济规律。

生产力的发展是一波三折的，在经济形态中表现出的迅速或迟缓的发展态势，是经济形态对生产力作用的效果。而生产关系与生产力共同构成一定的经济形态，所构成的经济制度或许和谐统一、或许冲突分裂，其中起关键作用的是有没有形成合理的分配制度。

2. 预测经济形态的发展

经济发展趋势，可根据大众媒体的新闻报道进行预测。其实，这类媒介传播对经济走势进行了揭示，通常情况下，某种单一经济现象可通过某篇经济报道来说明。

（1）报道新的经济形态。媒体在一定程度上可以对国家的经济形态发展进行预测，从这个角度来看，它也属于经济成分的一种。并对以下经济形态轮廓进行了描述：①在经济报道中，人们可以看到生产力水平的真实提升，而且世界各地的物质技术条件也有了质的飞跃；②社会公共福利事业的发展经由媒体的传播后在国民心目中的地位也越来越高；③媒体对跨国企业和全球市场状况进行了大量的报道，也使得人们对经济贸易全球化发展前景有了更深入和更全面的了解。

（2）阐释社会经济变革。很多经济形态的内部矛盾通过经济新闻报道得以突显出来，这也促进各种经济改革政策的执行和落实，有利于经济的快速发展和改革的实施。经济发展是一个动态发展的过程，所以说媒体的经济报道也不可能终结。特别是在经济转型的重要阶段，新闻报道的社会职责更是任重而道远。

媒体对经济的报道不但要对陈旧过时的旧体制进行否定，也要对全球经济一体化形式的挑战予以接收，从而促进新的经济思想在广大公众之间的传播和推广。体现了经济报道的角度是最新和最前沿的三个方面包括：①对经济体制改革目标进行了科学合理的报道；②对经济发展战略的调整起到了一定的引导和监督作用；③政治上的改革将对经济变革产生什么样的作用进行了报道。

四、新闻传播的功能优化

新型媒体技术如微博的快速发展，导致传播的潜功能、反功能和肺功能等成了社会的一种不良现象。反功能就是消极功能，而潜功能就是还没有开发的功能。非功能就是毫无意义的一些呈现。

公民新闻是指从新闻的采访、写作到最后的编辑发布，都不假手于专业记者或编辑，完全由"读者"自己采写的新闻。网络是公民新闻的"原发地"，和大众传媒的关系应该是共存的、协调发展的，并通过友好合作来共同享受信息时代资源的优势和价值，为此，也使得传播功能和传统的功能相比更加具有多元化发展的特征，也会受实际情况的影响而进行一定的重构。

新闻传播功能优化应及时跟进时下传媒的特点，在报道上拓宽传播渠道、改进报道方式。例如，要将纸媒等平面宣传报道转向多元化、立体化的新闻报道方式；要改变原先单线因果新闻的报道形式，进行多维度、多角度、多面性的报道；在人文宣传上要注重正面典型和反面教材相结合的报道教育方式；要善于将宣传主题进行有效的组织和编排，扩大受众性；要增加潜移默化的新闻宣传内容。

第四节　新闻传播的过程

新闻传播过程是由传播者通过新闻媒介向受众发送新闻信息的过程。

一、新闻传播的传播者

传播者是主动传播行为的发起者，即在这一传播过程中信息的发出者。在社会传播中，传播者时能以个体的形式，如人际传播活动，也可能以群体的形式，如团体传播，后者可能是群体的形式，如大众的传播。传播者是信息传播链的第一环，它是发起信息传播的人和内容发布者。因此，传播者不仅决定了传播活动的存在和发展，而且决定了信息内容的质量和数量，流向和输出，以及对人类社会的影响和作用。

新闻传播人的角色主要表现在：新闻传播人是信息流通的动力，是意见之桥，是观点之镜、是监督权力之镜，是社会民众的教师。因此，新闻传播对新闻传播人员的社会角色定位，也是对新闻传播人员的期望，其职业特点最主要的短处是，片面和表现都很容易产生。新闻传播人的角色责任，体现了新闻传播过程的全面。一是新闻采集者对新闻报道的角色负有责任；二是新闻制作者在信息传播中的角色；三是对信息的反馈。全面了解所有反馈信息，及时对后继传播进行调整。

（一）传播者的素质

1. 具备广博的文化知识

新闻传播者的知识结构是在"专"的前提下，越"杂"越好。当然，在"杂"的基础上，应当尽量在某些专业和领域有更加深入的了解。因为，新闻传播者所面对的是整个世界和人类社会，作为新闻信息的缘起，新闻事实有可能发生在世界的各个角落或社会的各个领域。

知识的广博不仅可以对某一专业性事件及时发现其新闻性，而且还可以帮助新闻传播者对于相关领域的事实进行必要的比较，从而在更加开阔的视野上，居高临下地判断和把握事实的新闻价值及其本质与特性。

2. 具备超常的新闻敏感

新闻敏感既是对重大新闻事件的快速反应能力，也是对处于萌芽状态新闻素材的透视能力，通常需在长期的新闻实践中积累和训练而成，是新闻传播者总体业务水平的集中、综合表现。

对于新闻传播活动来说，新闻传播者最需要具备的素质就是新闻敏感。因为新闻永远面对的事实，是绝对真实的事实。新闻传播绝不可以凭借灵感去加以任何性质的想象和虚构，而且，新闻的事实又必须首先有"新"的基本属性。传播者能够及时抓住新闻事实的"新"的特征，当然就需要"敏感"，所以新闻敏感在新闻传播中就同艺术灵感在艺术创造中一样，是必不可少的也是最重要的传播者的主体品格。

新闻敏感者对于事物的新闻价值的判断，类似条件反射，完全形成了一种职业化的习惯反应。归根结底，新闻敏感的核心是一种鉴别能力。

3. 具备较强的沟通能力

新闻传播者要快速、广泛地发现并采集新闻，当然就必须同社会上各个阶层和各色各样的成员打交道，只有建立广泛的社会联系，与社会生活的各个方面随时保持密切和畅通的连接，才能及时抓住社会运行发展的新动向，发现萌芽中的新事物、新状态。

作为一个优秀的新闻人，其最良好的素质就是能够和生活完全打成一片。他可以和任何人沟通，从任何人的身上得到有用的信息。此外，沟通交往能力还包括采访过程中的情感性交流。

（二）新闻传播者的类型

传播者可分为个人传播者和组织机构传播者。每个人都在通过口头、邮件、传真、互联网等进行传播，都是传播者。组织机构传播者不仅有新闻、出版、影视等传媒机构，还有发布信息的党政机构、社会团体、企事业单位等。

个人和组织机构传播者都可分为职业传播者和非职业传播者。职业传播者即以传播为业的个人传播者，除了媒介工作者，还有作家、演员、教师、公关广告人员、自由撰稿人等。他们有的在组织机构之中，受组织机构较大的制约，有较好的工作条件和经济保障；有的在组织机构之外，自由度较大，并分布在社会的各个角落，能见人所不能见，言人所不敢言，然而往往缺乏经济保障。

职业的组织机构传播者，广义上包括各种宣传部门、政府的新闻办公室，以及教育机构，狭义上则仅指大众传媒机构。

大众传媒机构又有官方和非官方之分。官方大众传媒机构体现官方意志，满足官方需求，利用官方的权力和其他资源，如经济、信息、人才、频率频道等，在媒介竞争中能处于优势位置，但也会忽视受播者需求、压制不同意见、扩大错误宣传、排斥舆论监督，并挤压非官方传媒。

非官方的传媒机构有独立的经济、市场地位和经营管理权力，可以较为充分地按照经济规律、传播规律进行运作，按照市场、受播者的需要提供传媒产品和服务，因而有较强的市场吸引力和竞争力；可以较为自主地传播信息、传达意见、监督权力，因而能成为社会信息系统和监督系统的重要部分。但他们并非完全自由，除了只能在法律的范围内活动，还受到信息来源、社会主流意识形态的影响，以及自身经济利益、认识水平等制约，往往会以营利为导向。

数字化使传播者分散化。 传媒机构要帮助受播者选择、整合、分析信息，以公众的认同而非行政级别来树立权威性和影响力。新闻机构还可利用移动互联网的便利性，让记者编辑更多地在采访现场，甚至可大量聘用非在编的新闻采集人员，如签约撰稿人、签约摄影师等，既提高时效性和现场感，又降低成本。

（三）新闻传播者的权利

保障和实现受播者的权利是新闻传播者的重要义务之一。需要新闻传媒提供及时的、充分的、优质的信息；反映民情民意，代表社会舆论；提供表达意见和监督权力的平台。新闻机构及其工作者的采访权、发表权、监督权等。

要充分落实传播者的权利和义务，就要有相应的环境，包括政治、经济、文化、受播者等环境。对传播活动进行规范化、制度化的保护和控制，是提供最基本、最重要的环境条件。

二、新闻传播的受播者

随着新媒体等的崛起，受播者的地位日益上升，新闻传播从"传播者中心"开始过渡到"受者中心"。然而受者中心论也有可能走向"一切由受播者决定"的误区。正确认识受者中心论的负面影响，采取必要措施进行有效地避免及改善，是当今新闻媒介需要特别注意的问题。

（一）受播者观念与理论

1. 受播者观念

（1）作为社会成员的受播者观。受播者群体背景或社会背景影响他们对事物的态度及采取的行动，这种影响有时候甚至会超过报纸、广播电视等大众媒体的影响。

（2）作为市场或消费者的受播者观。随着大众传媒产业的发展壮大，把受播者看作消费者或大众传媒市场的观点逐渐被社会所接收。随着大众传媒数量的不断增多，满足普遍需求的大众市场已经饱和，需要对受播者重新进行细分，开拓"小众"市场成为媒体新的关注重点。

（3）作为权利主体的受播者观。受播者作为社会成员享有参与公共事务和社会管理等诸多正当权利，主要包括以下三点：

第一，传播权。受播者有权将自己的观点、思想、认识等通过言论、著述等活动表现出来，并通过一切合法手段和渠道加以传播。

第二，知晓权。广义上是指受播者有获得自身所处环境及其变化信息的权利；狭义上是指受播者对国家的立法、司法和行政等公共权力结构的活动拥有知情或知察的权利。

第三，接近权。受播者有利用传播媒介阐述主张、发表言论及开展各种社会和文化活动的权利，同时也承担相应的责任。

2. 受播者理论

（1）个人差异论。个人差异论认为大众传播内容在受播者之间产生不同效果是由于受播者个人兴趣、信仰态度、价值观等因素造成的。该理论最大贡献在于关注到了选择性注意与理解。这就提醒传播者要关注受播者的经验、态度、立场等，只有尊重受播者才能取得很好的传播效果。

（2）社会分化论。社会分化论突出人的群体性特征，认为人受到所在群体的很大影响，社会对人的影响也是通过群体这个中介来实现的。

（3）文化规范论。文化规范论认为如果大众传媒经常报道或强调某些事物、观念等，就会在受播者中造成这些事物或观念是社会文化规范的印象，进而促使受播者模仿，产生一定的间接影响。

（4）社会参与论。社会参与论认为受播者不是被动的信息接收者，而是积极的大众传播参与者，传播者应该尊重受播者，顾及受播者参与的愿望与权利。

（二）受播者的权利

1. 知晓权

受播者的知晓权是指受播者通过新闻媒介获得公共信息的权利。这是公民知晓权的自然延伸，也是实现公民参与权、表达权、监督权的前提——不了解情况就没有发言权。

作为社会的成员、国家的公民，受播者有权按照个人所能选择的方式，得到或探求各种与其利益相关的信息，包括个人信息和公共信息。当有关信息直接影响到人们的活动，要求人们不得不做出决定时，保障受播者的知晓权显得更重要。凡有意扣留重要信息，或传播虚假信息，都是侵犯了受播者的这项权利。

公共机构，包括政府的存在及其运行，是依靠人民创造的财富来维持的，它们在公务活动中产生、制作和获取的信息，也是利用公共资源的结果，应属于全体人民共有的公共财产。因此从所有权的角度看，它们也应当将其拥有的公共信息及时公布，让人民知晓，如同税收一样，"取之于民、用之于民"。

绝大多数信息，包括公共机构的信息，人们无法迅速、及时、充分地直接从信息源获得，只能通过新闻媒介获得。人们赋予了新闻媒介许多必要的权利，同时也有权从新闻媒介迅速、及时、充分得到公共信息，实现知晓权。

2. 参与、表达、监督权

在现代社会中，人民应有参与社会公共事务的权利，包括通过新闻媒介参与。新闻事业有很大的社会影响力，也是一种公共性活动，人民有权参与其决策、管理和运行。

表达是人的基本需求之一。人要进行社会交往，要得到社会的承认，要实现自己的人生价值，都需要通过表达。受播者的表达包括向传播者反映情况和发出反馈意见，对媒介及其内容进行评论、申辩等。

受播者的监督权包括两个方面：一是受播者有权通过新闻媒介，实施对社会尤其是对权力机构和人物的监督；二是受播者有权监督新闻媒介及其背后的各种传播者，令其恪守职业道德，培养职业精神，承担应尽义务，履行社会责任。

上述权利相互关联，知晓了才能参与、表达和监督；参与了就能更好地知晓、表达和监督；能表达才能参与和监督；知晓、参与、表达的目的之一就是监督，而对权力和传媒的有效监督，也是知晓、参与、表达权的保障。

受播者权利还有与大众传播相关的名誉权和隐私权，媒介选择权和利用权，以及媒介消费者权利——有权得到一定数量和质量的传播内容及其他服务，不被所消费的产品伤害，包括免受不良信息的污染、虚假信息的欺骗、错误观点的误导。

（三）新闻传播者与受播者的关系

1. 相互依存、影响和转化

虽然，传播者是主动者，但在当今时代，受播者能在众多的传媒中自由选择。这种选择决定了传媒的存在价值。在传媒市场化程度越高的地方，受播者的主动权、受播者对传播者的影响也越大。可见传播者与受播者是相互依存、相互影响、共生共荣的。传播者可以在影响受播者、引导受播者方面有所作为。

传播者与受播者还会相互转化。受播者可以通过传媒机构，或直接在新媒体上发出信息和看法，成为传播者。而传播者在接收其他媒介的传播时，便成了受播者之一，在接收受播者的反馈信息时，也成了受传者。只有做好了学生，才能做好先生，只有做好了受传者，才能做好传播者。

2. 相互选择和追逐

一方面，传播者选择自己的目标受播者群，尽力获取受播者；另一方面，受播者也选择符合自己需求的媒介，获得尽可能方便、迅速、充分的传媒服务。

传播者有时会以自己的强势地位迫使对方接收自己，高明的追逐者应使自己成为被追逐者。宣传是要追逐受播者的，新闻是受播者要追逐的，宣传用新闻说话，就可变自己为被追者。

在媒介稀缺、供小于求的时候，在人们获取媒介受到很大限制的地方，传播者的主动权很大，传播内容与方式，基本由传播者决定，受播者只能被动接收。

现在传媒数量已大大增加，社会环境、接收条件等限制大为减少。传播者的节目安排，包括广告内容、方式和播放时间，都要有相应的改变。

三、新闻媒介

（一）新闻媒介及其分类

新媒介收发端，特别是平板电脑和手机，将人际传播、团体传递、大众媒介及其传播结合在一起，也就是把许多广义的新闻媒体[1]与狭义的新闻传播[2]融合起来，带来了新闻传播与个体、群体和组织和社会之间的新联系，以及包括人际关系、团体心理和网络活动在内的新影响，包括：人际关系、团体心理和网络活动。

媒介集合体称为传媒，社会化媒体是指由非专业传播机构组成的，主要是由公众自行参与的，以用户创建内容为基础的多对多传播交流的新型在线媒体，包括博客、微博、维基网站、播客网络、社交互联网网站、内容区域以及个人网站、微信公众号等。它们与传媒的机构化不同，但也有一些个人参与的团队，其中一些组织也可以办博客，微博，微信公众号等，这些都可以归为广义社交媒体。社交媒体，是指基于古代社会网络的各种媒介，除了电子外，还包括信件等；某些社会媒介连续而广泛地扩散，具有公开和广泛的媒介性质。

社交媒体是指基于微博，微信等电子社交网络的媒体。虽然微信的交友圈和交流群体大多是公开的，也不广泛地传播。但通过再次转发，也可以相当于具有传播性质的公开转发。

社会化的媒体概念比社交传播更早，两者之间既有差异又存在联系。前者相对于机构性媒体来说，主要是从传人和内容的生成角度来看，便于掌握其内容的特点；后者不论由传播机构办理，主要是从传递渠道出发的，便于掌握其传递特点。

移动端新闻媒体手机，平板电脑等移动终端的传播具有随时，随地，任

---

[1] 广义的新闻传媒是指可以传播有关新闻信息的各种媒体，包括公共和非公开、大众和非大众的媒体，如招贴、邮件和微信等

[2] 狭义的新闻传媒体，仅指以新闻、时事等为主要内容的大众传媒体，如新闻报刊、电视广播机端等，连续传播。

意等特征，各种传播媒介也可以在移动终端上相互配合，融为一体。面对手机和移动媒体的机遇与挑战，传统传播需要重新定位、创造传播的方式与赢利模式。

（二）新闻媒介的功能

媒介功能新闻媒体具有信息的功能，包括传递信息和意见的交流（也就是相互传播意见的观点信息），宣传功能包括：宣传、指导、教育和引导，文化的功能包括：文化汇聚、交流和扩散，以及包括其他服务在内的咨询分析、广告发布、艺术娱乐和生活及健康等服务，以及包括：咨询、分析和宣传服务等。与这些功能相对应，新闻传媒具有信息，宣传，文化和服务的作用。

这些普通功能实际上是具体的功能。它们分为一种消遣和一种工具两类。消遣的功效是对个体的。工具性功能包括个人对知识、学习和交流的了解，对组织机构来说，决策、宣传和公共关系等功能，对社会来说，政治和经济的功能等。

（三）新闻媒介的作用

全面地发挥媒体作用，可以从三个角度来看媒体的作用：①一般（普通）功能带来普遍作用；②一般（特别）功能带来具体的作用，也就是具体所表现的作用；③一般功能的发挥方式也带来了相应的作用。

新闻传媒的社会作用，一般是通过交流、整合、创新和控制舆论等手段，起到相应作用的。例如：新闻传播在媒体中是信息沟通的，意见传播在思想上是沟通的。它们能够开拓视野，正确的认识，科学的判断，带来协调社会的高效性和社会运作。它们使新闻传媒成为一种公众的交流、讨论社会事务的公开空间，实现了公民知晓、参与、表达和监督等权利。

社会交流、整合、创新和控制，都需要对媒体的社会可观性进行随时的了解，对社会变化有较大影响的力量机构和对社会产生较大影响的公众人士。又如舆论的作用：舆论是一种重要社会现象，往往是反映民情，体现了人意，但也有偏颇之处，或故意制作和操纵。新闻工作要真正全面，客观公正地反映事实，舆论工作要反映代表、引导、推动舆论，开展和保障舆论监督工作，两者目的、内容、方法和作用各不相同。不应混为一谈，相互扭曲、替代，而应各司各职，充分发挥自己的作用。

同声相应，同气相求效应也形成了一个由信息和言论传播产生、对舆论形成和变化具有一定影响的不同舆论场域。它们对某种思想、态度、情感的反应，具有认知作用。它们应该是交汇的，各以积极的方式来实现互相促进。

四、新闻传播效果

新闻传播是一个动态的系统，其中各种因素不但受到自身和社会因素的影响，同时各因素之间也存在着制约关系，而这种种因素都会最终影响到新闻传播的效果。

新闻报道是新近发生的事实，它的特征包括真实，新鲜，及时，重要性极高，趣味性极强的时效。新闻报道的分类根据新闻事实的地区和范围，分为国际新闻与内部新闻两大类。根据新闻出现的时间点，有突然新闻和延缓性的新闻。根据新闻和读者之间的关系，可分为软新闻和硬新闻两大类。根据新闻性质的不同，有政治新闻、经济新闻、科教新闻、军事新闻等，还有文艺新闻、体育新闻和会议新闻等。根据新闻特点，有事件性和非事件性的新闻，单一和复杂的新闻，动态和静态的新闻，本体性和反应的新闻。按新闻题材分为典型的报道，综合性的报道，述评的报道，批评的报道等。根据新闻的传播手段，有口头性新闻、文字新闻、电视性的新闻。因此，提高新闻传播效果的策略如下：

（一）提高新闻的社会效果

第一，加强策划和预测。策划遵循新闻传播规律对新闻报道的展开或节目播出所做的有创意的规划和设计，包括确定选题、报道规模、报道形式、实施方法、节目播出的程序、可能遇到的问题及其解决方法、节目播出各阶段的应对措施等。预测是指对新闻报道和节目播出后社会效果的大致估测，这种估测的结果可以为策划提供指导。策划和预测相结合，能大大提高对新闻和节目效果的控制力，从而使其社会效果按照预期的方向发展。

第二，在一些重大新闻事件报道中，策划和预测十分重要。策划和预测并不仅仅限于新闻传播的前期，而应该贯彻在整个新闻传播过程中，即随时根据实际情况对新闻报道和节目播出进行下一步的策划和预测，保证整个传播过程都在可掌控的范围内。

第三，着力塑造品牌形象。品牌是指用以识别自身的产品或服务并与竞争对手相区别的名称、术语、符号、图案，或其综合的体现。良好的品牌形象是媒体稳定和扩大受播者群、获得较好的社会效益和经济效益的基石。新闻报道和节目要想赢得受播者的好感和关注，离不开所在媒体品牌力量的支持。

对于新闻媒体而言，理念识别系统主要是指媒体的形象宣传语和报道与节目中所折射出的独特的新闻理念和价值取向。行为识别系统主要指媒体对外所表现出的凝聚力以及对外宣传活动、公益活动等；视觉识别系统包括报头、报徽、频道台标、背景设计、主持人风格、字幕设计等。在具体的新闻报道和节目制作中，应大力开发品牌资源。品牌节目往往也意味着个性。

（二）提高新闻事业引导有效性

新闻传播具有传授信息、整合社会、传承文化、娱乐身心等功能，新闻事业通过这些功能创造健康良好的社会环境，帮助人们提高自身素质，使社会拥有越来越多的具有良好知识结构的公民，促进社会的良性发展、稳定和文明程度的提高。这些都是新闻事业引导社会的表现。

第一，建立透明公开的信息传播机制，减小社会震荡。完善新闻发言人制度，可以完整传播信息、减少歧异误解，以有效地影响公众态度，同时它还是一种两级传播模式，能构建一个全方位覆盖公众的传播网。这使政府、媒体和公众能够保持一种良性互动，保障新闻事业功能的最大限度发挥。总之，信息的及时公开，是保证社会安定和谐的重要举措，而新闻传播则是最主要的渠道。

第二，提供真实、公正、充分的信息，平衡各群体利益。信息是意见构建的基础，良好的舆论依赖于信息的真实、公正和完整。需要注意的是，信息的真实并不仅仅是指单个事件的真实，还必须是整体真实。

在宣传解释政策、报道政策贯彻执行时，尤其要注意信息的过滤、整理和解析，对政策意义的解释要充分、深入，帮助不同利益群体正确理解政策，采取恰当的行动，为社会营造良好和谐的氛围。

第三，增强宣传的艺术性，淡化宣传色彩。新闻媒介既传播新闻，也从事宣传，中外皆然。在我国，新闻媒介充当着更多的宣传角色，新闻事业对于社会的引导也常常是通过宣传来实现的。因此，增强宣传的艺术性，使其得到受播者的理解和认可，也是提高新闻事业引导效果的有效途径。

第四，加强媒介素养教育。新闻传播是传受双方互动的过程，新闻事业的发展离不开受播者整体素养的提高。因此，媒介素养教育对于提高新闻传播的导向效果同样十分重要。媒介素养教育对传播效果的贡献关键就在于它能让受播者对信息做出正确的选择和主动思考，对媒介信息进行恰当的解析，从而得到积极的效果。

（三）有效劝服的经验

第一，按照传播学的观点，有效劝服要与受播者的思想素质和文化水平联系起来加以考虑。一般来说，对文化程度较高、独立思考能力较强的受播者，如果提供某一事件的全面情况，他们可能会更容易接收些，以后如果接触到反宣传时，他们也将具有一定的防御能力；而对那些较容易接收一面之词的文化层次较低的受播者来说，如果遇到反宣传，将会产生认识上的左右摇摆。

第二，根据传播内容本身的性质，参照传播的环境条件和受播者的素质加以通盘考虑。一般认为，某一问题的正反两方面的论点如果是由不同的传播者相继提出的，并在表述的时间或篇幅上也大体相等，那么先提的一方不一定占优势。但如果是由同一传播者提出来的，其所传播的不同观点又是受播者不熟悉的，那么，先提的观点更有利于受播者的接收。而在信息组合中最后发表或提出来的观点，特别是经过启发引导受播者顺理成章归纳出来的观点，一般更有利于受播者的理解和记忆。

第三，问题的结论的做出。

看新闻信息的性质如何，如果是政策性信息，或者是依据法律、道德能够肯定或否定的信息，那就明确无误地做出奉告。如果是对争议较大的"热点"问题的报道，由于其产生的原因很复杂，矛盾纠葛很多或者涉及面很广，有的事件本身还在发展变化中，问题的性质还没有彻底显露，或者出于策略的考虑一时还不便表明结论的，那么最好采用"中性"报道的形式，提供全面的、翔实的事实材料，让受播者自己去思考、去判断。

看受播者的思想素质和文化层次如何。如果是对缺乏思辨能力的或者阅历不深的受播者，则结论性意见以明白为宜；而对各方面水平较高的受播者，如果说得明白直露、一览无遗，则反而会影响传播效果。

第四，新闻传播者如果能够通过各种方式首先与受播者建立较为特殊的亲近关系，努力寻找在民族习俗、地域风貌、职业特点、团体意识、文化背景等方面的共同点或接近性，以期在感情沟通上首先建立一定的基础，使受播者心理上产生一种"自己人"的感觉，那么，将容易达到理想的传播效果。如在主持人组织的现场实录报道中，采用交谈式、对话式的传播来沟通感情，并欢迎受播者对节目的更多参与，就比单纯说教式、煽动式的传播更能奏效。而在新闻传播的实际运作中，往往需要将诉诸感情与诉诸理智有机结合加以应用，并最终依靠新闻信息本身所具有的真理性对受播者进行劝服，这样才可能更为有效地获取新闻传播的最佳效果。

提高新闻传播效果在具体的做法上当然还有很多，如完善媒介的传输功能、开辟广阔的发行渠道、建立长期的受播者反馈网络等，需要新闻传播者在传播实践中不断地加以总结，从而始终掌握新闻传播效果的命脉。

五、新闻传播格局的变迁与创新路径

新闻具备公共服务性，但新闻的产品具有商业性，也可以说新闻产品具有商业统一性和公共性。新闻产品是由新闻创新活动产生的，这种新认知建立在洞察当下新闻传播的新形式和格局变化的基础上，新闻的创新策略也是基于新的格局变化产生的。

（一）新闻传播格局的变迁

1. 传播格局变化增加新闻创新压力

传统的媒体环境下，新闻机构主导着传播生态，新闻机构凭借其优越的结构性、专业性和权威性生产、流通和分配着新闻信息，且承担着动员社会、守望社会等重要的公共职责。随着互联网的连续发展和开放发展，传播主体发生改变，大众成为最具参与性、社会性及公共性的主体，由此产生大量的"用户内容"，新闻的生产从专业化转变为社会化。

随着人工智能时代的发展，新闻生产中融入算法，由此推动了新闻生产的社会化及专业化发展。目前，在新闻生产的过程中，算法不仅起到了辅助作用，还成了新主体，算法和新闻从业者之间形成了共生关系。比如，如果是具有充分数据的报道领域，报道可以由"机器人记者"独立完成；自然人记者则主要从事更具创造力及深度的新闻报道。这种新的合作模式将变成将来新闻生产的重点开发和利用模式。另外，机器人在新闻生产中的运用越来越多，因此，新闻研究者应该高度关注人工智能是否可以被赋予道德主体的地位。

随着网民和算法的出现与发展，无形中增加了新闻机构的创新压力。当下，新闻机构的创新越来越积极，且取得了明显的成果。

2. 技术变革重构新闻生产和消费

在信息和传播技术发展的过程中，增加传播主体可以有效整合新闻生产机构的专业技术，可以为重构新闻的生产流程提供有效条件。

（1）主要体现在生产专业新闻的数字化基础设施变革上。基于数字化的新闻生产平台，使新闻机构组织的内部结构发生了扁平化的改变，相关工作人员可以共享网络资源，可以集中采集和利用资源，实现了集约化制作，在一定程度上实现了合理的资源分配及高效地发放新闻内容，大幅度提升了机构的生产效率，这也是岗位职能变革的主要原因。

（2）新闻的生产趋于智能化和由用户需求驱动。当下，新闻机构在智能媒体技术的全力支持下，可以动态化挖掘受众的数据，准确掌握受众的需求和关注点，由此形成匹配度高的新闻内容，并将新闻内容准确地投放给目标用户，实现了"内容找人""人找内容"的大转变。

（3）技术革命改变着受众的消费形势。当前，移动设备具有多功能的特性，这种特性将之前的被动受众变成生产消费者，并且，生产消费者有自主选择的权利。因此，消费新闻的关键在于新闻的社会价值及新闻对受众的作用。另外，技术变革也是推动新闻发展、创新的重要驱动力。技术变革打破了原有的生产秩序，并降低了生产成本，让受众的需求得以充分满足，进而巩固了新闻生产的专业地位。

3. 新闻消费凸显新闻产品属性

技术革命的定义是在新闻消费者中，技术得到广泛渗透，"新闻作品"要转变为"新闻产品"。新闻生产是一种规范的传播活动和信息采集过程，新闻机构的主导性主要体现在产品生产、产品价格、销售渠道等方面。当前的大部分新闻生产只在末端销售环节考虑用户需求，而忽视了其他阶段的用户需求。换句话说，新闻生产只关注新闻"作品"的最终属性，投放策略单一，没有积极响应消费市场的需求，且没有良好的服务精神。

技术革新和市场竞争把"受众"转变为"消费者"，增加了消费性质，因此，新闻内容应该朝着"服务化"和"产品化"的方向发展，不仅要满足用户的需求，还要充分实现新闻的社会、经济价值。新闻生产面对"消费"，应该重点关注和满足消费者的需求。新闻消费者通过点赞、评论等量化机制获取"议价权"，在一定程度上引导新闻生产中的用户价值、用户成本、沟通及便利性等内容。由此，决定新闻消费行为的重要变量是消费者的有效分享和利益获取。

（二）新闻传播创新路径

创新新闻产品是生成产品的过程，这个过程是生产者根据新的思想观念，形成一套新闻组织内部发展、执行的解决方案，并把这个方案变成新闻产品。新闻产品创新非常注重新思维变化和创新。下面对新闻传播的创新路径进行具体分析。

1. 技术形态催生"内容科技"

新闻产品的创新在技术的支持下得以充分生长和发展。新闻与技术的关系不再是传统的介质承载关系，而是变成了如今复杂的依赖、共生关系。当前，技术已经成了新闻产品创新最根本、最原始的决定要素。所以，在思考技术价值的过程中，需要从本位论的思想上思考技术和创新的关系，产品创新已然全面渗透了技术。

因为技术拓展了我们对新闻内容的认知，新闻内容不只有新闻讯息，还包括满足消费者需求的服务和作用，两者一起构成了新闻创新的内容。因此，我们应该大力发展内容科技，在技术创新的带动下转变发展形式。

重视技术的可供性主要表现在强调新闻产品创新的技术运用，换言之，行动者的行动可能性由技术来决定，其重点是行动者和技术是相互影响、相互构建的。一直以来，新闻业坚持的创新策略都是"内容为王"，内容很丰富，但不注重表现形式。具体来说，在科技的催动下，呈现出很多形式多样的新闻内容：

（1）"鸟瞰式新闻"可以拓展报道的广度。人类媒介技术的演变一贯采用"时空征服"的逻辑。技术形态不同，形成的时空偏向也不同，进而直接决定新闻产品的存储方式、传播对象、发放手段和消费环境，最终形成新的新闻类型。

（2）"数据驱动的新闻"可以有效增强报道深度。新闻报道的广度和深度受到新闻报道资源的影响，传播的效率有限，但新技术突破了这一限制。新技术的引入可以有效加强新闻报道的代表性，且具有可视化以及可听化的代表性，新技术可以充分发挥新闻媒体在社会中的影响力和公益性。

上述技术不仅可以增强新闻报道的深度和广度，还可以有效提升新闻产品的质量，进而增加受众的信任度和黏性。

2. 场景形态

媒体的新要素是推动新闻产品消费场景化，并且，营造一种涵盖空间、行为和心理的场景氛围，不同的场景有不同的需求。比如，短视频新闻一定需要连接设备才能形成，新闻产品需要形成特定的消费场景作为媒介，才可以为消费者提供消费产品，由此实现社会价值和经济利益。

传播新闻产品的决定因素包含新闻内容质量及新闻产品和消费者在不同

场景中的互动。目前，就消费者来说，他们更注重新闻产品的延伸性和互动性，所以，新闻产品的最终目标是和消费者构成良好的互动关系，与消费者保持黏度。

（1）实现上述内容需要新闻产品的内容与用户的消费场景相吻合。比如，在投放新闻产品的过程中，应该与用户的作息及消费特征保持一致，通常情况下，用户比较固定的行为习惯有躺着的时候听音乐，站着的时候看视频，跑步的时候听广播，通勤的时候刷短视频等；特殊人群通过手语了解新闻内容，特定议题需要特定的表现形式等。在生产新闻产品的过程中，如果根据这些用户的特征进行生产，将会有效促进用户消费特定的、专属的新闻产品。

（2）新的消费场景由新技术创造形成。虽然VR技术的发展前景很可观，但利用VR技术生产新闻产品只是一种生产产品的补充，还没有成为主流的呈现形式。为了促进VR设备的普及及刺激用户的消费行为，让新闻产品呈现出新的消费场景，将来的VR新闻产品将与这些新的消费场景不谋而合。

3. 媒介形态影响新闻产品的营销方式

新闻产品创新必须与媒介的形态有机融合，媒介形态包括媒介长短、媒介的呈现形式、用户距离及媒介的丰富性与个性等内容。新闻产品创新通过有效的媒介形态呈现出不同的特征，媒介形态充分展现了新闻产品创新的优势和功能。新闻产品的叙事形式和表现方式由媒介形式所承载，媒介形态的多样性使新闻产品具备不同的功能，且可以满足消费者的不同需求。

第三章 媒介融合下的新闻传播

第一节 媒介融合理念对新闻传播的影响

一、有助于传播者能力与分工的精细化

目前，各种媒介不断深入融合，以往的传播者只需要学会操作某一媒体即可，而现在的传播者则需要掌握多种技能，如数字传播技术、学会采集新闻并进行编辑和传播等[①]。在多种媒介深度融合发展的大背景下，有两种类型的人才是比较紧缺的：①高层管理人才，在多媒体集团中负责传播和整体策划工作。这一类型的人才是综合素质全面发展的人才，能够掌握各种高新技术的运用、制定合适的发展规划等，高瞻远瞩，具备长远的发展目光，能整合集团内的多媒体资源，让媒介产品在生产、发布和营销过程中所用的各类资源实现交互。②具备多种素质的记者编辑，熟练掌握各种技术工具。这一类型的工作人员是全能型的，工作压力较大，要能够担任采编、摄影和后期制作等工作。

第一，多种媒介融合的理念提升了传播者的能力，原来只需要掌握某一项技能，而现在需要面面俱到，具备多种能力，且在传播过程中需要不断深化。传播媒介在生产产品的过程中，传播者发挥着重要的作用，其工作内容涉及多个岗位，担任不同的职能。同一新闻事件，不同媒体可能有不同的侧重点，记者在写作时也必须采取不同的形式，突出不同的内容，而且要能够

---

① 通才通常指学识广博、具有多种才能之人。从人才学、教育学的角度则称横向型人才。

综合运用文字、音视频等为各个媒体制作出符合要求的传播内容。

第二，媒介融合理念让传播者的分工更加细化。所以，在多种媒介融合发展的趋势下，记者必须站在多媒体的角度去思考问题，社会上某一新闻事件发生后，记者要快速做出反应，能够运用不同的媒体来报道事件。相比于单一化的媒体，媒介融合让新闻生产过程中的岗位分工进一步细化。

总而言之，在多种媒介融合这一发展趋势下，传播者不只是要具备多种传播技能，更重要的是要深入了解新闻信息的生产、传播需求，重新定位工作岗位，明确工作人员的职责，使生产流程更加规范化和细化，从而让传播效率更高。

二、有助于受众角色多重交叉，分众传播

媒介融合理念改变了受众的角色。受众在浏览新闻、接收各种信息的同时在网上发表评论；在看电视或听广播时也可以与节目进行互动。受众是观众、听众、读者，也可以参与其中，角色更加多样化，通过不同的渠道与媒介有了更多的交流。

无论什么类型的新闻媒介，要实现发展目标、发挥作用，首先必须与受众进行交流，有自己的受众群体。从各方面来看，媒介的生存和发展都离不开受众的参与，受众是制约媒介的一个重要条件。媒介在激烈的市场竞争中要占据一席之地，必须获得受众的认可。在这之前媒介需要明确受众群体及类型，也就是媒介和栏目针对的传播对象，明确向谁传播。

当前已经形成了多种媒介融合发展的趋势，受众的地位发生了根本变化，其不再是被动地接受，而实现这种转变的一条重要途径就是媒介融合。受众被分成不同的类型，因此现有的不同类型的媒体必须相互补充、相互配合，实现高度融合，借助不同的媒介将丰富多样的信息和内容传递给有不同需求的受众，同时加快信息传播的速度，提高传播质量，节约成本。不同媒体平台交汇融合，对传播内容进行整合，将不同类型的信息加以分类，采取多种形式传播给受众，以满足不同受众的需求，让受众享受到更优质的信息服务；此外，受众对信息内容和质量的要求在不断提高，媒介不得不采取各

种方式提高自身的服务水平，以满足受众的需求，这就使各种媒介的融合与交汇更加频繁，使传播者和受众之间的关系更和谐。

多种媒介相互融合形成庞大的规模，媒介集团也可以从中获益，尽可能多地将不同类型的受众变成自己的客户，以提高受众对媒介集团的满意度，从而深化合作，也能提高集团的知名度，占据更大的市场。

三、有助于信息的整合连贯并保留特色

传统媒体的生产过程比较单一，媒体融合则让不同的媒体平台都参与到信息内容的生产过程中。例如，媒介集团专门成立了一个负责信息资源研发和重组的部门——"媒体融合中心"。对各种信息和内容进行重新组合，从而形成新的新闻产品，并将其发布在不同的平台上，呈现出不同的形式。不同的媒介可以有相同的信息来源和内容，但却可以形成不同类型的媒介产品，根据媒体的特点，确定传播方式，打造个性化媒介。

受众在浏览新闻时，会根据自身需要选择相应的媒介内容，或只凭兴趣爱好选择相关信息，同一媒介集团可能拥有不同类型的媒介，从而满足不同受众的多样化需求。如此看来，一个媒介集团就能生产出不同的媒介产品，并充分利用获得的信息资源，提供更多的媒介供受众选择。

四、有助于传播效果复合化

从媒介融合的各种实践来看，传媒公司之间可以通过收购或合并整合不同的产品、运营方式等，从而形成更大规模的多媒体集团，分属于同一个多媒体集团的不同媒体可以相互帮助，实现资源共享，而且可以互相宣传，提高知名度。如在网上进行实时电视广播，在手机上发布各种形式的信息等，同一集团内部的不同媒体可以实现内容共享，互相交流与合作，发挥集体的作用，充分利用获得的信息资源，将其以不同的渠道和形式传播给受众，同一信息以不同的面貌出现在大众视野中，实现了资源的有效利用，还可以占据更大的市场，节约成本。

在多种媒介融合发展的大趋势下，需要注意传播渠道有一个集中的过

程，但各种媒体具有独立性，每一种媒体的传播效果是与众不同的。在对某一新闻信息的传播效果进行整体评价时，会综合考量这些不同媒体的传播效果。

传统媒体的传播效果是单一的，与之相比，这种传播效果质量更高。因为传播者不再只盯着某个媒介集团，而是从整体出发，整合传媒集团的各种优势资源，实现资源的共享，发挥多种媒介的作用，在信息产品、传播渠道等方面都形成竞争优势。

总而言之，传统的信息传播模式在很大程度上被媒介融合的理念改变了。媒介融合是不同的媒介相互融合，并将受众分为不同类型，属于同一集团的不同媒介相互融合，形成庞大的规模，从而产生联动效应，以吸引不同的读者、观众、听众、网民等，这些不同的受众都是媒介集团的服务对象，可以让媒体发挥更大的作用，影响受众，以满足不同受众对信息的多样化需求，使他们随时随地都能接收信息。

五、有助于渠道的多元互动整合

不同媒介的融合也拓宽了信息获取的渠道，有助于实现资源共享。不同媒体的采访人员可以相互合作，获取新闻后可以进行分享，采访报纸和电视新闻、电子新闻等也可以由同一名记者完成。

在多媒体融合的过程中，不同的自媒体会共享新闻资源，彼此合作，共同开设新闻栏目；不同媒介可以实现互动，如在网络上进一步报道报纸上的新闻，网络上的一些精彩内容也可以出现在报纸上，而报纸和网络上的内容又可以被电视报道，也可以重新组合不同的媒体产品，媒体内容之间相互借鉴。换句话说，自媒体既可以对自身媒介内容进行加工、发布和宣传，也可以为其他子媒体宣传内容。

此外，媒介融合让不同类型的媒介产品汇聚到网络中，然后再将其进行分类，传播到不同的接收终端，这样做的好处是可以保持媒介产品的多样化。

第二节　媒介融合下新闻传播的效应

一、新闻传播的效应

以正面新闻信息传播为例，解读正面新闻信息传播的"增振"效应。正面新闻信息自身的特性是具有积极作用的，是促进人类社会进步发展的。对于正面新闻信息传播而言，传播过程中就应该根据正面新闻信息内在的积极特性，顺其本质而发力，从而产生共振现象，达到共振效应。正面新闻信息传播的"增振"效应如下：

第一，认清正面新闻信息的本质，寻求新闻媒体的认识与新闻信息本质之间的共振。正面新闻信息是对社会发展进步起积极作用的一些信息，新闻媒体在认识以及报道过程中，第一步就应该认清这个本质，发展是社会的主线，发展的步伐是向前。

第二，各新闻媒体应该集中力量对正面新闻信息给以集中报道，发挥新闻媒体的合力，来实现预期的共振效应。

第三，采编人员应勤于思索，创新报道方式，使正面新闻信息的传播更加有吸引力。新闻采编人员应主动有意识地接触各类社会现象。在发现和采访新闻的过程中，应该尽力发掘社会中的闪光点，做好进行正面新闻信息传播的准备，在发现一些正面新闻报道体裁时，在具体的报道中要关注人的感情命运，彰显人性之美，切忌假大空的正面宣传报道，将正面新闻信息报道做好、做得耐看，用感人肺腑的具体新闻内容来传播正面新闻信息，这样不仅可读性强，而且也能满足读者的阅读心理。

第四，新闻记者应以受众健康的阅读取向为自己报道的方向，找到新闻的最佳报道点。总之，正面、正义和感人至深的新闻更多情况下可以得到读者的共鸣。

二、媒介融合下新闻传播的效应优化

"随着我国社会经济的快速发展高新技术的发展也获得了巨大的进步，尤其是数字技术、信息技术和网络技术的迅猛发在很大程度上促进了媒介的发展和变革。"[①]媒介融合下新闻传播的效应，如图3-1所示。

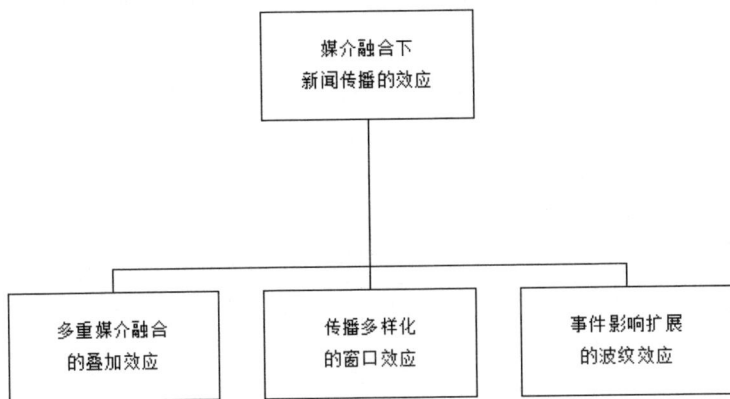

图3-1　媒介融合下新闻传播的效应

第一，多重媒介融合的叠加效应。在媒介融合背景下，新闻资讯在传播过程中需要与叠加效应相呼应。多重媒介融合叠加效应的主要传播模式是基于网络信息技术将不同类型的媒介融合在一起，从而在满足实际需求的前提下增强新闻的整体覆盖区域范围，使得其具有较强的影响效应。因此，在多重媒介融合叠加效应的影响作用下，新闻的影响力度将会变得更加广泛。

第二，传播多样化的窗口效应。在媒介融合的影响下，新闻以多元化的新闻传输媒介作为传播信息资讯的关键"窗口"该模式能够在一定程度上显著扩大新闻的影响力度和传播区域范围。

第三，事件影响扩展的波纹效应。波纹效应的基本理念就好似将一颗石子投入平静的湖面上，使得湖面瞬间荡起层层涟漪。在媒介融合背景下，新闻在传播的整个进程中与其相关的不同事件也会受到其影响，从而在一定程

---

① 陈一骅.媒介融合背景下融合新闻传播效应与策略微探[J].北京印刷学院学报，2021，29（07）：37.

度上获得较高的关注度，特别是在多元化的信息媒介传播下，新闻传播的时效性和影响力度呈显著的增加趋势。因此，正是事件扩展波纹效应的影响，使得新闻的传播范围及力度得到大幅度增强。

当一个新闻事件发生时，不同介质的媒体会围绕这一事件，以最快的速度在各自的领域内完成相关报道，在这个过程中，各媒体会相互集结与合作，形成范围更广的整体，力争形成第一时间滚动报道，逐级发布的格局，由此形成一个完整的报道体系，通过逐级播报，使新闻事件能迅速地传播给各个领域的受众，达到最优化的传播效果。

这种报道方式形成的传播效应即运用全媒体协作形成一种大的报道体系，按照不同媒介传播速度的快慢，形成层级报道模式。新闻传播融合即综合多种媒体的传播功能，在媒介融合的管理体制下，运用融合的生产方式提供融合式的新闻产品，最后通过不同的媒体逐级传播，满足不同群体受众的不同诉求。

新闻传播融合模式和报道方式更加适用于新闻媒介集团，这样就可以更加便捷地把不同类型的媒体整合成为一个集报纸、广播、电视、网络于一体的新闻中心，在最初的新闻采集阶段，各子媒体的记者达成共识，制定一个共同的选题，然后统一行动，分工合作，集中全体力量采集新闻素材，准备资料；在新闻编辑制作阶段，各子媒体建立一个资源共享的数字技术操作平台，把各自独立的技术融为一体，在信息互通的基础上取用适合自身定位的新闻资源，对新闻素材进行深层次挖掘，实现内容的多元化、多角度、多层次开发，最后在新闻的发布阶段，融合新闻报道在经过不同类型的媒体加工之后，呈现给受众的是既有差异又能全面展现事实的新闻产品，传媒集团要根据旗下不同子媒体的形态进行分派报道，形成有梯度多元化的报道体系，满足受众的不同需求，实现传媒影响力的全面渗透，最终形成规模化的新闻媒介集团品牌效应，促使媒介集团产业升级，增强在传媒市场的整体竞争力。

第三节　媒介融合下新闻传播的创新发展

一、立足新旧媒介相互融合性

基于媒介融合背景下，新闻资讯新旧融合模式而言，要求相关工作人员对传统模式下的新闻数据进行筛选，将其中具有一定发展价值的相关内容保存，如传统新闻媒介的权威性、真实性等，同时将网络信息技术融入其中，在符合发展目标的条件下提高新闻的传播区域范围和时效性，在一定程度上获取更多相关领域范畴的新闻资讯，彻底改变传统新闻媒介获取信息资讯的不足。

在媒介融合背景下，立足新旧媒介相互融合性来大力吸引更多人的关注力，增加新闻资讯的传播力度，媒介融合不仅能够为大众群体提供个性化的体验感受，同时还能使大众群体更加关注新闻实时资讯内容。

二、持续丰富新闻传播的信息内容

媒介融合环境下，媒介并非单纯的新闻内容传播工具，更是引领舆论走向的重要载体。所以，无论新闻机构还是新闻工作者，在新闻内容失范现象愈发严重的情况下，应重视强化责任意识，以此为基础丰富新闻传播的内容。满足新闻受众对新闻信息的需求，是新闻机构创新发展的重要目的，这便要求相关工作者注重并持续丰富新闻传播的内容，切实提高新闻传播成效，并在满足受众群体需求的基础上推动新闻传播持续发展。

在媒介融合时代，社会群体能够利用新媒体平台获取更多新闻资讯，这就要求各个媒介重视分析受众对新闻的喜好，把新闻与受众关注的话题紧密联系，切实缩短二者之间的距离，重视以大众化的新闻传播形式报道受众感兴趣的新闻话题，从而让新闻传播内容切实为受众所喜爱。此外，新闻采编应强化与受众的交流互动，利用官方微博与热线电话等形式进行实时交互，及时掌握受众对新闻事件的看法与反馈，调整新闻传播的形式与内容，充分吸引受众眼光，从而得到其喜爱与青睐。

三、积极创新新闻信息的传播形式

随着新媒体技术的持续发展与革新，诸多现代化、智能化电视播放技术愈发成熟，为有效降低媒介融合环境下其他平台对新闻传播的影响，各新闻机构都要发挥媒介融合优势，积极创新新闻信息传播形式，借助具有新颖性与趣味性的新闻传播形式提高新闻节目吸引力，从而吸引更多受众观看与参与。

四、强化技术设备的应用

技术设备为各大媒介机构拓宽新闻传播路径提供了必要的硬件条件，也推动了多元化信息传播形态的形成，其依托于新媒体平台，使图片、文字与音频等能够同时出现在新闻报道中，这是新媒体平台在新闻传播方面的基础表现形式。

现如今，日渐完善的技术和设备，为新闻节目制作带来了诸多便利，采访、编辑与播放的效率较之前都有了大幅度提升，这在国内与国际重大事件新闻直播报道中尤为显著。一般来说，由传统媒体独立采制的社会新闻量相对较少，这便要求新媒体不仅要帮助传统媒体进行新闻采编工作，而且要拓宽新闻传播路径，让受众充分参与到新闻传播中。另外，各项技术是新闻有效传播与传播形式不断创新的必要条件。相对中央级媒体而言，省市级要正确认知媒介融合对新闻传播发展的重要意义；相关部门应为省市级媒体机构提供经费、技术与理念层面的支持，从而促进省市级媒体融合发展进一步深化。

传统新闻媒体倾向于新闻信息内容的采访与制作，而新媒体倾向于建设传播平台，将二者优势互补，有助于为媒介融合发展提供新思路。比如，省市级电视台可以和中央级电视媒体进行交流互动，学习如何将先进、前沿的摄制技术运用到传统新闻的信息采编和制作工作中。

五、提高新闻工作人才管理

（一）提高新闻工作管理人员的综合能力

随着融媒体时代的来临，对于相关管理人员的工作能力和管理水平提出了更高的要求。对此，可以通过以下途径尽快提升管理人员的工作水平，使其满足行业发展需要：

第一，加强专业学习。任何一个行业的发展与进步，都会带来众多新知识、新理念、新方法与新工具。尤其对于始终站在时代发展前沿的新闻媒体行业而言，更是如此。因此，要想提升新闻工作管理人员的业务水平，必须全面学习行业内的新知识与新思维，进一步丰富其知识储备，并且对原有的知识与理念进行替换，在更加优质高效完成本职工作的同时，提高与其他部门之间、上级主管部门以及合作伙伴之间的沟通质量。对此，一方面新闻媒体要定期面向新闻工作管理人员开展业务培训，帮助大众及时了解和掌握行业发展动态，尽快完成思想理念的更新与转换，另一方面新闻工作管理人员要积极主动地加强自主学习，不断扩充自身的知识储备，学习借鉴其他同行业的成功经验，促进自身业务和工作水平的不断提升。

第二，提高职业素养。在媒介融合背景下，新闻工作管理人员需要面临较以往更加复杂多变的工作局面。要想使工作中的各种突发事件、临时变动均得到妥善处理，必须全面提高新闻工作管理人员的综合业务能力与核心素养。具体包括创新能力、组织协调能力、心理承受能力、抗压能力以及重大事件决策能力等。只有这样，才能积极应对各种工作要求以及工作环境上的变化，率领整个团队更好地开展新闻报道工作。

（二）强化新闻媒体从业人员的专业水平

在媒介融合背景之下，对于新闻事件的报道存在极高的时效性要求。一旦有新闻事件发生，不仅需要新闻记者第一时间对其进行报道，将事件经过真实完整地呈现在广大受众面前，还要掌握好报道的角度，充分挖掘出事件当中所蕴含的价值导向，对社会舆论给予正确引导，发挥出新闻媒体在弘扬正能量、维护社会和谐发展方面的积极作用。

在提高新闻媒体从业人员专业水平的过程中，首先需要上级主管部门和媒体单位为之付出努力，例如政府有关部门或本行业定期组织召开新闻工作者工作交流会，大家一起交流工作经验，探讨新闻行业发展趋势，研究新型工作策略。在大家畅所欲言的过程中，实现思维观念上的交换与碰撞，从而迸发出更多的思想火花，对自身所从事的工作产生更加深刻的理解，从根本上推动新闻传播变革。新闻媒体单位可以采用案例分析、经验分享、实践模拟等方式提高新闻工作者的专业水平与实践能力，促进其新闻信息处理能力、临场应变能力、综合实践能力的全面提升。

全体新闻工作者则要根据自身实际情况加强自主学习，多与其他同行进行经验交流，丰富自身所见所闻，拓宽视野，为更好地从事新闻工作创造有利条件；还要时常深入到百姓群体当中，了解民生需求，充分挖掘出百姓感兴趣的新闻线索。同时，更加科学、精准地把握住新闻报道角度，最大限制提高新闻信息的社会影响力以及舆论导向作用。同时，提升自身的职业敏感度、洞察力以及职业道德水平，为推动新闻传播变革贡献力量。

（三）更新新闻教育理念，促进人才质量提升

在媒介融合背景下，新闻教育成果直接关系到新闻行业人才质量。因此，需要从更新教育理念这一基础环节入手，促进人才质量的全面提升。

第一，新闻教育机构应充分认识理解媒介融合这一变革趋势。只有意识到行业的发展变化，才能领会到教育变革的必要性与紧迫性。在此基础上，重新审视当前教学工作中的不足之处，为教学理念、教学内容、教学目标、教学方法的更新提供必要条件，确保最终的教学成果、学生的专业素养符合新闻媒体行业发展需求。

第二，更新新闻教育目标。在媒介融合背景下，新闻工作者会面临着较以往更加错综复杂的工作局面。因此，对于新闻教育工作而言，需要将培养学生的综合能力与核心素养作为新型教学目标。在日常教学活动中，不仅要将教材当中所蕴含的理论知识和专业技能传授给学生，还要全面培养学生的突发事件处理能力、人际交往能力、语言表达能力、爱岗敬业精神、爱国主义精神以及社会主义核心价值观。只有这样，才能在从事新闻记者工作

时，或者在新闻信息报道工作中，体现出较强的工作能力与个人素养，沉着应对各种工作上的考验，表现出一名新时代新闻工作者应有的精神风貌与优良品质。

第三，更新教学策略。其一，更新教学目标与教学内容。将学生培养成业务能力过硬、职业素养过硬的复合型人才；其二，引进情境教学、融媒体教学、合作教学等多种教学形式，帮助学生加快完成从理论知识到职业素养的转化，全面提升人才培养质效。

（四）结合人才培养需求，优化课程体系

新闻教育理念的发展变化，必然会带来新闻教育内容上的同步革新。因此，要想尽快培养出适应媒介融合这一时代背景的专业人才，更好推动传媒行业的未来发展，需要结合全新的新闻人才培养目标、教育理念，对原有的课程体系进行优化升级，确保新型课程体系设置符合新时期新闻行业发展需求。融入大数据和全媒体时代等课程内容。现如今，不仅网络技术实现了普及应用，大数据技术、云计算、人工智能技术也呈现出越来越高的使用率和应用水平，这也是推动媒介融合发展的重要因素之一。因此，要想提高新闻行业人才培养质效，有必要在课程体系当中引进大数据和全媒体时代相关内容。

第四章　媒介融合下的新闻传播形态

第一节　报纸媒体融合传播

媒介融合下，"报纸媒体必须摒弃传统观念，坚持走转型发展道路"。[①]现在报纸力图以媒介融合的理念与实践实现与新媒体的"共生共舞"。基于报业核心竞争力的"内容"和"资金"、"技术"和"模式"的现状，报业力求扬长避短，通过升级、转型、跨界等路径手段，实现报业的改革创新。但不可回避的事实是：优胜劣汰的结果——纸媒面临生存与发展危机。

一、报纸媒体的融合形态

从手段上看，报纸融合了文字、图片（画作与照片）；从内容上看，报纸融合了新闻、评论、广告与文学作品（诗歌、散文、戏剧、小说等）报纸面对互联网媒介的冲击，不断尝试改变形态与"新"媒体相融。报业转型模式选择呈现出三种主要样态：①坚守型，即利用网络来巩固和壮大现有的报纸；②多元型，即发布渠道由单一的纸质媒体向多元的全媒体转变；③融入型，即报业要拥抱互联网并逐步实现互联网化。

第一，跨媒体融合。主要表现为报纸与报纸、报纸与电视、报纸与网络，以及全媒体化的形式。纸媒转型的核心内容是互联网化，需要以服务用户为本，这是一种根本性的革新尝试。从注重内容生产和消费，到注重用户需求、用户

---

① 杨晓雷. 媒体融合视域下报纸转型策略探究 [J]. 记者摇篮，2022（04）：30.

服务和用户共享，保持与其他产业共进共赢的关系，积极构建产业生态圈。

第二，全媒体化。全媒体指媒介信息传播采用文字、声音、影像、动画、网页等多种媒体表现手段（多媒体），利用广播、电视、音像、电影、出版、报纸、杂志、网站等不同媒介形态（业务融合），通过融合的广电网络、电信网络以及互联网络进行传播。报纸媒体选择全媒体转型，是社会发展的必然，更是实现改革发展的必由之路。报业要顺应时代发展的需求，积极改变自己的发展观念，以创新 意识拓展多媒体融合的路径，从而实现多媒体之间的互融、互通、互联，体现全媒 体的整合效应，促进报业的进一步发展。

第三，报纸移动端。随着移动互联网快速发展的进程，报纸数字化转型的方向变得更加清晰可见，从微博到微信，基于移动终端的信息平台构建将成为报纸转型的重要突破口和发展方向。尤其是作为社交媒体的微信以几何级的速度发展，已成为当前最为普遍和最为活跃的社交平台。

从微信的本质特点来看，它是以社交媒体的形态出现的。报纸微信平台的建立是在微信海量用户出现之后，适应占领用户市场的需要而被动发展起来的。微信平台作为现在中国最大的社交媒体平台，体现了新媒体传播移动化、社交化、视频化的趋势，是报业战略转型选择的路径之一，也是传统媒体转型的新业态。

第四，全媒体新闻平台。全媒体新闻平台是新一代内容生产、传播和运营体系。指媒体机构基于信息共享的理念，从机构布局、人员职能两方面改造媒体机构过去新闻生产流程，搭建全媒体新闻平台，联合过去各自为政的报纸、新闻网站、微博与微信公众平台、新闻客户端等内容呈现终端，新旧媒体从业人员组成工作团队，统一对进入平台的信息进行分类、加工与分发。

全媒体新闻平台流程是先由适应新媒体运营模式的"全能型记者"在平台内输入信息，再由平台根据信息发布终端的具体要求加工信息，并配以多媒体技术丰富形态。这一模式意图达成运营集约化、内容传播力最大化的目标，并由此增强媒体机构市场竞争优势，最终形成趋向组织形态融合的理想状态，之前主要在中央、地方大型媒体集团开展试行。信息共享、部门协同合作纳入内容传播的流程之中，使其成为媒体机构新闻生产过程中的常态化步骤。目前，这一模式在对大型新闻事件的实时报道方面发挥了重要作用，并逐步在媒体机构中推广。

第五，跨界融合。推动传统媒体和新兴媒体在内容、渠道、平台、经营、管理等方面的深度融合，形成立体多样、融合发展的现代传播体系，是传统媒体融合发展的内在驱动力。推动传统媒体和新兴媒体的融合发展，强化互联网思维、坚持优势互补、坚持以先进技术为支撑，推动在内容、渠道等方面进行深度融合是关键，跨界融合成为传统媒体走出去融合发展的必由之路。实质性融合如资本融合、媒体+金融、媒体+地产、互联网+传统媒体。

二、报纸媒体融合优化策略

报纸媒体在不断与新媒体的融合发展中，进行实践之路，探索其未来发展趋向的可能性。因此，报纸媒体融合策略如下：

（一）以内容为根本，强化报纸的宣传作用

我国报纸媒体为了重新得到公众的信任，需要报纸成为可靠和高质量内容的信息提供者。内容质量较高的报纸会赢得公众更大的信任，这不仅仅能增加读者、发行量和广告收入，对于报纸品牌形象的塑造也起到了很大的作用。报纸通过高质量的新闻报道所取得的社会影响，可以成为其在经济上获得成功的先决条件。

在数字化时代，先进的技术手段和形式只能是新闻报道的辅助、参与性元素，目的是让用户更好地理解新闻内容，提供双方互动、浸入式的阅读体验。内容本身的真实、准确永远是第一位的，其次才是数字化平台的呈现方式问题。报纸媒体在转型的过程中，必须回归到新闻本身的专业性、真实性、准确性和公正性，坚守内容本身的价值，之后才考虑改变传播方式、传播渠道的多样性和互动性，使技术赋予内容更多的价值。由此可见，可靠和优质的内容是报纸媒体的立足点和核心竞争力，无论是同类型媒体之间的竞争，还是与新媒体之间的竞争，优质的内容才是取胜的关键。

主流媒体的性质和任务决定了其要传播主流价值观、主流意识形态，影响主流受众群体。在大众传媒时期，报刊媒体一直都是意识形态宣传的主阵

地，但是在新的传播环境中，报纸生存困难，其意识形态宣传地位也受到挑战。如果报纸只从自我发展的角度出发，把媒体融合作为转型发展的途径，则颠倒了目的与手段之间的关系。必须明确的是，报纸体制转型发展、建设新型媒体集团只是手段，强化意识形态和主流价值观的宣传才是媒体融合的真正目的，如果手段不能满足目的，目的则会寻找新的手段。

新闻舆论工作各个方面、各个环节都要坚持正确舆论导向。各级党报党刊、电台电视台要讲导向，都市类报刊、新媒体也要讲导向；新闻报道要讲导向，副刊、专题节目、广告宣传也要讲导向；时政新闻要讲导向，娱乐类、社会类新闻也要讲导向；国内新闻报道要讲导向，国际新闻报道也要讲导向。这是一切新闻工作开展的前提，也是检验新闻传播效果的标尺。打造新型传媒集团的价值和意义也是为了倡导主流价值观点，弘扬主旋律、传递正能量，巩固党的领导在意识形态领域的指导地位，并且贯穿至整个新闻事业的全过程，在政治导向上坚持同一标准、同一底线。

我国的报纸业的转型工作是在党的领导下进行的，而意识形态工作是党的一项极端重要的工作，因此，报纸要担起强化意识形态宣传的重任，明确融合的方向，强化媒体的舆论引导功能。

（二）创新媒体产品形式

不断发展的技术驱动着传统媒体与新兴媒体的融合发展，催生了各种各样的传播形态。我们要加快传统媒体和新兴媒体融合发展，充分运用新技术新应用创新媒体传播方式，占领信息传播制高点。

目前，运用在创新传播形态上的技术重点有三个领域：VR与AR技术、网络直播、人工智能。互联网时代争夺的是流量，移动互联网时代争夺的就是场景。场景的设置能给移动互联网时代的用户带来更好的互动体验和生活服务，而VR和AR技术能够打破线上线下的界限，使得这种设想实现，目前使用最多的是在新闻事件的报道和O2O[①]服务上。

---

① O2O（Online To Offline）是指将线下的商务机会与互联网结合，让互联网成为线下交易的平台。O2O通过网购导购机，把互联网与地面店完美对接，实现互联网落地，让消费者在享受线上优惠价格的同时，又可享受线下贴身的服务。

　　网络直播主要是指用户通过互联网制作或观看直播视频。为了黏住用户，强化新闻的社交基因，各大新闻类客户端纷纷进军直播市场，通过"直播"来提升新闻信息的传播公信力和影响力。一方面，新闻网络直播可以打破地域限制，拉近新闻与受众之间的距离，让不同层次的受众共同参与讨论，提高受众的参与度，同时还能影响用户对文字、图片等其他类型新闻获取渠道的选择，从而增强客户端的黏性。另一方面，新闻网络直播的出现有利于打破"拟态环境"，增加新闻的真实性和现场感。

　　人工智能技术在新闻客户端的使用上更加普遍，利用人工智能技术，推出智能机器人，利用大数据挖掘、算法推荐、生成自然语言、语音识别与播报等加快新闻生产和传播时效，改进内容生产流程，对用户进行行为分析，精准画像，开启传媒领域的智能时代。《人民日报》、浙江新闻、光明传媒、封面新闻等都有智能机器人的入驻。

　　媒体融合时代，信息生产之快让大众应接不暇，用户接收到的大多数是碎片化的信息，更倾向于浅阅读，加之用户对个性化、便利化、互动体验的追求，"两微一端"成为更受用户青睐的阅读渠道。因此，报刊媒体可以以重要的时间点和热点为抓手，打造极具个性化和互动性的新媒体产品，利用传统报刊的公信力和品牌效应，通过整合，开发适用于不同平台的媒体产品，提升用户体验，实现品牌在不同媒介的延续和有效传播。近年来，《人民日报》生产的单条破百万、千万甚至数亿点击量的爆款产品呈井喷态势，放大了主流媒体的声音。各大党报在坚持客观公正报道的同时，可对接短视频、H5[①]、视频直播、VR[②]、AR[③]、人工智能领域，向用户提供更易理解、

---

　　① H5 是构建 Web 内容的一种语言描述方式，是互联网的下一代标准，是构建以及呈现互联网内容的一种语言方式。如可以把广告做成一个场景，通过二维码或者转发链接，让用户更直观的体验互动，场景可以包括：图片、视频、音频、地图、导航、会议报名、产品链接等多个模块，是一种新的移动媒体广告模式。

　　② 虚拟现实（Virtual Reality，简称 VR）也称为虚拟技术，是利用计算机模拟产生一个三维空间的虚拟世界，提供用户关于视觉等感官的模拟，让用户感觉身历其境，可以即时、没有限制地观察三维空间内的事物。

　　③ 增强现实（Augmented Reality，简称 AR）是一种实时地计算摄影机影像的位置及角度并加上相应图像的技术，可以将真实世界信息和虚拟世界信息"无缝"集成。

更易获取和更具现场化的产品。

（三）以用户为中心

"互联网+"是将互联网思维渗透、融合到传媒业。将"互联网+"作为媒体融合的突破点，可以催生新的业务形态，推动组织结构优化，激活员工的创造力、创新盈利模式。互联网思维包括九大思维，即：用户思维、简约思维、极致思维、迭代思维、流量思维、社会化思维、大数据思维、平台思维和跨界思维。

其中用户思维是核心，报纸媒体的全媒体发展过程中在各个环节的运作都要以"用户为中心"，满足用户需求，创造用户需求，让用户参与产品的创新，优化用户体验。在具体操作运用中，需要把传统的受众观念转换成用户观念。用户不仅是新闻的阅读者，还是信息的生产者。互联网思维中以用户为中心的理念主要体现在：怎样寻找用户、如何为用户服务、怎样让用户在使用的过程中得到很好的体验最终让用户沉淀下来。

（四）开展多元化经营

结合实践总结，报业集团可以采用以下方式扩大经营：

1. 拓宽产业链的跨界经营

对于移动互联网下的新闻产品而言，主要有三种盈利方式：①通过优质内容吸引用户，获取流量，取得广告收入；②生产专业性的内容让用户付费阅读；③利用平台优势，做延伸服务和产业融合经营。在移动互联网时代，报业的营销模式必须由大众化营销转变为分众化营销，改变以广告为主要收入的经营模式，构建更合理化的产业经营模式。现阶段的用户逐渐习惯了付费阅读的方式，但是针对的群体有限，因此第二种盈利模式只能作为补充。利用平台跨界经营是目前大多数传媒集团使用的经营方式，通过扩宽业务，将文化产业与实体经济融合，借力"互联网+"，拓展"文化+"思维，实现文化内容和传播渠道再造的战略，推动文化与科技、金融方面的跨界融合创新，培育出"文化+产业"融合业务。

2. 与互联网公司合作

报纸媒体发展受到技术创新的限制，靠自身的力量在技术上取得突破成本太大，自建APP需要专业的技术支持和高额的开发运营成本，除了资本雄厚的个别中央型和省级报业集团，大多数报纸媒体的资金不足以开发新技术来实现自身的转型发展。因此，与其他科技公司合作成为报纸转型发展的选择之一。

3. 借助资本运作

以资本为纽带，壮大传媒，用传媒护航资本，全面推进媒体融合。浙报集团靠上市融资走出了一条向互联网数字文化产业转型的道路，通过标志性的新媒体资产、"文化+"产业，增加了报业集团的互联网属性，实现从传统报刊业态向具有互联网新媒体特质的文化传媒集团转型。除上市外，依靠政府主导成立各类传媒基金，跨境并购也可以是报纸资本化运作的选择。

（五）培养全媒体人才

技术的进步是媒体融合发展的核心驱动力，深化媒体体制改革是融合发展的重要推动力量。体制改革可以释放媒体的市场活力，传媒体制的改革可以从管理体制与方式、推动技术创新和应用、与资本市场便利对接等方面入手，但最重要的还是人才机制的改革。

媒体融合工程关键，是要看能不能聚合人才特别是全媒体人才。可以从三个方面入手：①激发激活现有人才。强化新闻队伍的融媒体意识，培养全媒体的复合型专家型新闻人才，建立合理的业绩考核、等级晋升制度。②吸引凝聚外来人才。传统报刊媒体最缺的是经营和技术人才，可以聘请职业经理人和专业技术人员，制定与市场同行的人才激励机制。③精心培养后备人才。和优秀院校合作，建立新闻传播人才培养平台，借助培养平台培养新人的同时让现有采编人员共同学习参加培训。完善专业设置、优化课程安排、充实教学内容、强化实践操作，培养一支有活力、高素质的融媒体建设队伍。

第二节 广播电视媒体融合传播

对于视听媒介的广播、电视而言，互联网尤其是移动互联网时代所带来的冲击是不可否认的，媒介融合已经成为当下传统视听媒介发展的机遇与挑战。

一、广播电视媒体融合传播的特征

基于媒介技术的加速推进，广播电视媒介新形态因依赖技术的趋同而呈现多功能一体的融合趋势。在数字化和网络化所带来的媒介融合背景下，全球电视业都遭遇了来自互联网的冲击，用户行为的改变、竞争者的改变所带来的市场模式的改变都迫使电视台寻求新的竞争力。

第一，"耳朵经济"的整合传播。随着互联网技术尤其是移动互联网技术的普及与发展，移动音频行业突显碎片化、个性化及智能化的特性与优势，拓展"耳朵经济"的营销渠道，新媒体与传播媒体融合、媒体资源与非媒体资源融合、专业资源与用户资源融合等多种整合渠道，赋予音频产业整合传播的最大化。

第二，基于内容生产的核心竞争力重构。当前电视的驱动力，主要来自多媒体内容与受众两方面。一方面，由于传播内容的来源日益多样化，媒介需要加速自身调整，推出更加优质的内容；另一方面，内容的传播形态日益多元化。媒介融合的理念与实践促进电视台从宏观的基本概念到微观的运作方式都发生了根本变化，需要电视台内容的生产体系视线从理念到手段的全方位提升。半个世纪以来，电视台以内容制作和传播作为经营模式的沉淀，电视台核心竞争力的重塑必须基于内容生产。

第三，"搜索""分享""互动"电视节目营销的创新路径。以往受众收视模式，属单向递进结构模式，主要侧重节目的宣传上，即传统AIDMA[①]模式注意、兴趣、欲望、记忆、收视行力。在受众与多媒体互相融合的趋势中，交叉互动多向环形模式AISAS[②]模式，增加"搜索"与"分享"功能，从而产生"互动"效果。

"搜索"与"分享"构架出电视节目的全媒体协同营销策略，它不仅体现在电视节目内容制作、节目推广等涉及电视台的流程上，而且也覆盖了从电视节目到受众，从受众到电视节目，从受众到受众等多向互动环节。受众因此成为电视节目营销的主动参与者。

第四，多媒体终端引发受众参与性消费。中国电视发展历程，在传受互动上大致可划分为四个发展阶段：①礼节性、姿态性的亲民互动。②以受众为主角的民生互动，以民生新闻为代表至今仍是传统媒体的生态与格局；③自下而上的参与和选拔性互动；④无门槛虚拟性互动。传受主体的界限愈发模糊，"受众"转换为"用户"。从"受众"到"用户"是传播理念的转变，更是传播方式的突破，更加积极主动、平等发言的传播时代正在到来。

二、广播电视媒体融合传播的形态

（一）广播媒体融合传播的形态

广电新媒体平台的构建是一个动态过程，并逐渐从单一的播放平台和综合平台系统发展。

第一，广电云平台。2016年，国家新闻出版广电总局发布《电视台融合媒体平台建设技术白皮书》和《广播电台融合媒体平台建设白皮书》，明确平台建设在广播电视媒体融合中的关键作用。全国广电集团在白皮书的指导

---

① AIDMA 是由美国广告人 E.S 刘易斯提出的具有代表性的消费心理模式，它总结了消费者在购买商品前的心理过程。消费者先是注意商品及其广告，对商品感兴趣，并产生出一种需求，最后是记忆及采取购买行动。英语为"Attention（注意）——Interest（兴趣）——Desire（消费欲望）——Memory（记忆）——Action（行动）"，简称为 AIDMA。类似的用法还有去掉记忆一词的 AIDA，增加了相信（Conviction）一词，简称为 AIDCA。

② AISAS 模式是由电通公司针对互联网与无线应用时代消费者生活形态的变化，而提出的一种全新的消费者行为分析模型。强调各个环节的切入，紧扣用户体验。

下，纷纷搭建云平台，如江苏广电的"荔枝云"、湖南广电的"云中心"、湖北广电的"长江云"等都已初步建成。广电云平台是满足传统业务流程的同时，能够为新业务提供统一的内容支撑、技术服务、数据分析、运营计费等服务一体化技术业务平台，有效支撑广电媒体融合创新业务的快速发展。

第二，广播网站。广播网站集成多种手段进行节目的传播。广播的使用者可以更自由地对节目进行选择。

第三，播客。播客是指记录和传播声音包括音乐、访谈和独白的新媒介。传播的广播和新兴的播客，从形式到内容，越来越趋于统合，两者的唯一重要差异是，广播节目是专业人士生产的，而播客与其他一切新媒介一样是任何人都可以制作并传播的。通过音频社交传播的跨界融合促进社群生成。音频产业链形成围绕"播客"的泛知识社群。以喜马拉雅FM为例，出版社、作家、博主、品牌等都通过该平台得以连接，围绕"播客"形成粉丝效应，强化知识IP，从而推动经济效益的持续转化。

第四，广播应用（APP）。在新技术的驱动下，广播节目逐渐形成了"车载收听+手机移动收听"并行传播的新模式，特别是各种手机端广播App的诞生，使得传统意义的广播电台变成了一个个音频播放平台，"大广播"时代由此到来。目前，音频APP内容架构均以休闲娱乐、知识分享和在线直播为主，新闻版块只是众多频道之一，地位不突出。音频APP更多的是扮演播出平台的角色，其内容来源包括三个途径，分别是专业生产内容（PGC）、用户生产内容（UGC）和专业用户生产内容。

第五，移动音频。移动音频以声音为介质，以移动终端为载体，以有声读物为内容，成为新的数字阅读形态。在物联网、人工智能、云技术等新技术的推动下，声音介质结合泛媒介化技术融入生活场景，重塑片化生活中的信息传播方式。

移动音频平台正探索与物联网技术、智能终端设备的融合，增进阅读的移动性。喜马拉雅FM通过整车预装、开发车载声音盒子"随身听"等方式探索声音内置于汽车的路径，利用可穿戴设备（智能手表、手环、眼镜、鞋等）与音频应用连接，移动设备逐步成为"身体的延伸"，使人可以随时随地置身于有声阅读的场景中音频与智能硬件的融合为物联网技术应用开辟新的空间，其中智能音箱作为移动终端新品类，实现了智能语音、有声阅读与终端媒介的融合。

除智能音箱外，音频与智能家居的融合成为有声媒介发展的另一趋势。蜻蜓FM打造的有声智能家居场景，即是将有声智能系统内置于冰箱智能屏幕上，用户可通过语音控制音频播放。

（二）电视媒体融合传播的形态

1. 交互式网络电视

交互式网络电视（IPTV）基于电信宽带网络提供电视连播、视频点播、交互式信息传递、互动休闲娱乐（游戏、音乐等）、电子商务等多元化功能。IPTV除电视节目传输通道等基本功能外，其双向化优势成用户大数据、创新内容生产及创新营销传播的要平台，极大地拓展了传统大屏电视的功能边界。

从产业链的角度看，有线电视产业链核心为广电系中的有线网络运营商，IPTV产业链核心为广电系及电信系。IPTV业务推进打破有线电视产业格，各大利益相关者需重新分配权利与责任。

2. 互联网电视

互联网电视（Over the Top TV，OTT TV）是基于开放互联网的视频服务。它打破专有IP限制，是通过公共无线网络以电视为终端形式，提供的音频、视频和互联网应用的综合服务。网络电视整合了电视媒体的直观性和生动的表现形式，又兼备了网络按需获取、在交互的特点，从诞生之日起就携带着网络和电视的优良基因，它使用电视机、计算机、手机、平板电脑等设备作为显示终端，利用宽带高速网络向用户提供数字音频广播、视频节目、在线点播等业务服务，同时还具有社交传播的能力，为观众带来更多的定制服务和互动体验。

三、广播电视媒体融合策略

（一）广播电视媒体融合传播的发展趋向

随着融合的进一步推进，广播电视媒体进行真正的改革，最终的结果只有两种：①维持原媒体为主、互联网媒体为辅的现状；②传统媒体彻底转型为互联网媒体，彼此之间展开同质化竞争的同时还要争夺已经成熟的互联网媒体公司的市场。

当前，广播电视媒体机构要先在三个方面推进变革：①注重用户内容需求和媒体使用的变化，以受众信息需求为导向，满足不同平台的不同用户的不同需求；②在内容上注重原创性、互动性和可分享性，新闻内容生产从单向的"新闻内容输出"向制作更多的"可分享原创内容"转型；③全面应用新的内容制作技术、视觉呈现技术，尤其要在广播电视新闻采编播业务中积极探索和应用大数据、虚拟现实技术、机器人新闻等技术。

中国媒体融合实践，证明了传统媒体转型过程中持续性创新的失败和技术创新的失灵，亟须出现打破现有体制、观念的新商业模式，重构我国媒体融合框架。

对传统媒体而言，融合发展是有机的化学变化，实现传统广电媒体融合转型是社会发展的大势所趋，融合转型的关键不仅在于内容、平台和技术上的资源共享、结构重组，最重要的是变革的规制是否能打破壁垒，实现传统广电媒体和新媒体的互融互通。

（二）从三网融合到全面融合

第一，业务功能无差别化。随着政策逐步放开，IPTV、OTT最终都可以实现直播+点播+回看+时移等全业务功能，在业务功能上将和有线电视双向网实现无差别化。

第二，业务运营一体化。允许广电、电信、互联网企业的跨行业资产兼并重组，将广电的内容优势、电信的网络优势、互联网的技术和商业运营优势融为一体，实现内容+管道的一体化运营。

第三，业务覆盖场景化。随着新媒体的出现，信息传播媒介和信息消费场景都趋于多样化，传统电视将走出家庭和客厅，进入室外和移动场景，企业要想保持竞争优势，必须考虑全场景覆盖，形成室内和室外、固定和移动等多种业务协同互补关系，满足用户多场景消费需求。

第四，交互式融合网将出现。随着技术进步，广电网（包括卫星、无线、有线）、电信网、互联网等网络逐步融合，形成有线与无线协同、内网与外网互联互通、天地一体的融合网，同时无线网也将突破目前只能实现单向广播的局限性，将大区制单向广播网与蜂窝式双向移动网相结合，使无线网也具有交互性，从而实现有线与无线全覆盖的交互式融合网。

第五，借助云计算实现跨业务和流程的资源整合。伴随着业务运营一体化和融合网等趋势，一方面，企业将实现各类业务平台的整合，可以基于同一平台实现DVB、IPTV、OTT等多种业务的承载，而不必重复搭建多套系统；另一方面，企业将实现各类流程平台的云化整合，构建资源交易交换共享公共服务云、集成播控云、融合服务云、内容分发云、传输接入云、结算管理云、监管服务云，形成融合媒体管控、生产、交易、发布、传输的一体化生态环境。

第六，市场营销精准化。通过对各种网络、业务、消费场景的全覆盖，利用大数据等技术，可以获得更为完整的用户行为画像，便于进行收视率分析、广告投放效果分析、实现精准营销，提高前向和后向变现盈利能力。

第三节　网络媒体融合传播

互联网是民主化的新闻媒体，人们认为互联网将导致新闻业以一个更好的形式走向复兴互联网不仅仅是一种媒介，更是一种重新构造世界的结构性力量。网络传播是以个人通信为基础的传播平台，提供虚拟界面人际传播、小群体传播、组织传播、无组织的组织传播、大众传播和跨文化传播叠加的整合传播。网络传播不仅拓展空间的宽度、缩短时间的距离，也构建了互联网时代的新图景，组成新型媒介文化新景观。

一、网络媒体的组成

（一）网络媒体的微内容

微内容是相对于传统媒体大批量生产的"宏内容"而言的一个概念，即分散的、个体的互联网用户所生产的任何数据。微内容是最小的独立的内容数据。"微内容"的生产标志着新网络时代的诞生。微视频更是以其视听直接简短而称霸"微"屏。其中短视频以其内容短小、多样化、生活化的传播特性构建新型人际和群体间交流的生活空间。2017年,抖音在年轻网民中火爆起来,是音乐创意短视频社交类产品,用户在平台中可通过自主选择歌曲拍摄一段具有个性化特征的音乐短视频,从而充分展现年轻人的个性。快手短视频分享社区则专注于普通人日常生活的记录和分享,通过汇聚流行时尚元素,充分满足人们的自我情感表达和媒介内容消费的需求。一时间,快手中涌现出大量来自乡镇农村地区民众自制的短视频,引发了网民的广泛关注与热捧。

"两微一端"(微博、微信、客户端)的新媒体矩阵正在被"三微一端"(微播、微信、微视频和客户端)取代,微视频已成为内容融合创新的又一个重要发力点。移动终端的接收特点决定其内容必须具备个性定制式的特点。这类影像大多由非专业人员、设备制作出来的视听信息,但经常成为舆论热点的起爆器。一方面,人们有着再现现实的永恒冲动;另一方面,由于网络传播过程的各个要素和环节都处于开放状态,网络传播信息不再是一个相对封闭和独立的单元中线性地展开,而是呈现出非线性的特征。

（二）网络媒体的网络语言

网络语言最初是由网络使用者(即网民)在使用互联网的过程中产生的语言表达形式,这是网络语言具有的初步群体,并不具有鲜明的群体心理认同特征。当网络持续发展后,网络语言的使用就已经超出单纯的交流功能,强调语言交流共有的心理需求——实现自我认知、群体认同甚至是社会认同等价值。

对网络语言中的极具代表性的视频弹幕进行了统计和分析,认为网络视频弹幕语言有如下特征:语义内容专指性、语言形式外来性、语义内容小众性、语言形式专用性、语言形式预警性、信息关联专用性、违背准则等。

表情包以其多样形式、生动形象、画面饱满等直接表达的视觉符号,成为网络语言的重要标记性组成要素,构建了一个视觉表征系统,传达情感、表达观念、指称现实。表情即表现在面部或姿态上的思想感情，是情绪的外部表现模式。随着传播技术的迭代和网络文化的繁荣，网民的作线沟通方式不断发生转变，应用于各种网络交流场景、表达不同情感需求的一系列富有创意的表情包顺势而生，并被规模化地生产与消费。表情包是用图像代替文字传达意义的非言语符号，其历经三个阶段演变，是互联网发展的一个分支。

（三）网络媒体的知识付费

随着媒介受众精神消费与优质信息消费需求的增强，以及在线支付工具的普及和便利化，数字内容付费习惯已逐步形成。目前，我国已经形成了一定规模的数字内容付费人群，他们乐于为其喜欢的数字内容产品打赏、付费、充值，热衷于在粉丝社群或会员体制中获得归属感与精神成就感。以知识付费为例，知识付费是内容创造者将书籍、理论知识、信息资讯等知识与自身认识积累融合，并对其进行系统化和结构后梳理转化成标准化的付费产品，借助知识付费平台所搭建的付费机制与业务模式传递给用户，以满足用户自身认知提升、阶层归属、丰富谈资等需求的创新产业形态。

1. 知识付费兴起

（1）知识爆炸、信息冗余与人们时间日益碎片化。

（2）消费升级与大众精神需求增加、版权意识增强。

（3）互联网知识型社群涌现，知识成为新的社交货币。

（4）移动支付工具的普及提供了付费的技术条件，人们已经养成在线支付的消费习惯。

（5）存在大量具有丰富知识、经验和分享欲望的知识生产与传播者，他们有时间的灵活性且掌握互联网工具。

（6）知识平台的出现与资本涌入。在上述要素的共同推动下，使得部分互联网用户愿意为满足自身需求的知识付费，同时进行高效的信息筛选，这反过来也会激励优质知识产品的再生产，推动形成完备的知识交易市场和商业生态。

2．知识付费的价值主张

知识付费的价值主张要回答的首要问题，是消费者为何要付费来获取这些知识。

（1）功能价值。知识付费提供的知识产品与服务在内容上能够更好满足用户工作与学习需求并侧重解决具体问题。随着经济社会发展，人们的工作、生活节奏与场景发生很大变化，对知识的需求更加具体与实际，学习的方式也更为灵活。知识付费作为商业化运营，更强调从需求角度来开发产品，从而在选题、结构安排以及场景性、精准性、时效性与接受性等多维度进行设计与权衡，以求更契合用户需求。

（2）效率价值。通过付费，消费者可以更为快速与便捷地学习。付费本身是个有效的过滤机制，能够把高质量的知识产品筛选出来，减少用户搜寻与评估的时间。

（3）心理价值。消费者通过付费获取知识来缓解社会焦虑、增强自我认同。付费具有很强的仪式感与形式感，用户购买的不是知识，而是对自身的期许与自我认同。付费后如果学习效果好固然佳，但即使没有实际效果，心理价值依然存在。

2．知识付费的价值网络

价值网络是指由拥有不同资源能力的利益相关者形成的协作（交易）关系与结构，以保证价值的创造、传递与接收。价值网络的主体结构如下：

（1）知识产品生产者是打造并输出知识产品与服务的团体或个人，其水平直接决定了付费知识的内容与质量，在知识价值创造与交付中担任重要角色。

（2）知识平台是知识付费商业模式的核心构成，承担着价值创造与传递的大部分环节，是实现知识商业价值的枢纽。平台不仅要吸引和协助知识生产者打造知识产品与服务，还要培育市场和促进知识消费，以实现网络效应。因此，对于生产者，平台主要通过流程优化、制度设计与提供工具和标准来提高知识生产的效率，使其可以把精力集中于打磨产品,从而增加知识供给的质量与数量；而对于消费者，平台则需要对知识产品进行包装、发布与推广，保证产品的及时交付并做好服务和用户关系管理工作。

（3）知识消费者是知识产品的用户，其货币化支付是知识付费商业模式形成闭环的关键。除购买产品外，消费者还需要投入时间、精力进行学习才能消化、吸收所学知识，学习效果或产品体验会影响后续的购买决策，继而影响整个行业的规模与发展速度。

二、网络媒体融合传播的形态

（一）网络社群形态

网络社群又称虚拟社区，是以某一网站、电子邮件、新闻组、社会媒体等网络平台为中介进行对话和交流而建立起来的空间环境，是由具有相同兴趣及需要的人们，利用网络传播的特性，与想法相似的陌生人分享"社区"的感受，通过社会互动满足自身需要而构筑的新型的生存与生活空间。

网络社群源自计算机中介传播所建构的虚拟空间，是一种社会集合体。当虚拟空间有足够数量的民众，在网络上进行足够的讨论，并付出足够的情感，就足以发展人际关系的网络。网络跨越时间、空间差异，连接陌生人成为挚友。网络人际关系的最大特色是利用此一既连接又隔离的功能所建立的人际关系，允其是陌生人之间的接触。因为网络有其既连接又隔离的功能，所以我们可以探索自我认同、切换身份、不怕丢脸地主动与陌生人建立关系。网络社群强调以兴趣主题作为人际连带基础，重视陌生人彼此间在网络上认识熟悉的过程。网络社群的使用与满足功能（资讯、娱乐、交谊或是逃避）。网络社群的四种互动模式：资讯模式、消遣模式、关系模式、转换模式。与传统的"组织"意义不同，网络"社群"没有刚性的契约关系，群主可以任意建立和解散一个"群"，群里任何成员的"加入"与"退出"更具有虚拟性、集合性和由性。

（二）社会化媒体形态

社会化媒体的两个关键同是用户创造内容和消费者产生的媒体总社会化媒体建构。在Web2.0的网络科技及技术应用上，是提供使用者创作或交流自行产制内容的平台，且提出借由我揭露、媒体丰富度程度高低区分社群媒体类型。

"社会化媒体"一词风靡全球，且又因行动装置、智慧型移动电话的普遍使用，突破了以往"面对面"时间、空间的社交限制，而演进成为可借由网际网络实现使用者"虚拟在场"的传播情境。社会化媒体是一种密集的在线服务系统，依其所能提供的发表、分享、传讯、讨论、协作、网络互联等用途进行分类，完全反映了社会生态系统的多样性。

社会化媒体所创立的资讯交流平台允许使用者上传大量的讯息、内容，如个人的情绪、记事、喜好等，经过社会化媒体的传播，整合、汇合融入其他使用者经验、评论及意见，且因其兼具"社群网站"使用者人际网络为核心及"使用者产制内容"公开取用和创造线上内容的特性，使社群媒体进而发挥更大的传播效应，如微博越来越多的人加入其中，有着庞大的粉丝群，他们可以随时发声，粉丝可以关注留言，以远远超越社会位置和文化背景，让信息交流改变了社会关系网。互联网让人与人交流变得更近，为每一个人提供信息传递的平台，也构成了一张无形的信息大网。

（三）IP出版原意为知识产权

在之前，IP特指基于影视开发的出版在狭义层面上，IP图书专指拥有大量粉丝群体的可供改编为影视的网络文学作品。网络文学作品成为影视改编追逐的热点，形成"IP剧"热潮。"IP剧"是网络文学作品改编，形成了与影视、动漫、游戏联动的商业化运作模式。

全媒体时代，IP出版本身在产业链的延伸中亦渐渐成为重要的传播介质，由此具备了显著的"融媒体"属性IP出版是流行文化与粉丝经济"合谋"的产物，它对传统出版加强媒体融合、加快出版不无启迪。

IP出版是一种流行文化。IP出版表面看起来是知识产权的延伸，本质上却是一种流行文化体验的衍化。它的精神是满足欲望的一种消费品出版。IP出版是一种基于新型社会关系+网缘关系的流行文化塑型。在这种网缘关系中，双方以获取信息和情感交流为目的，以心理认同和兴趣一致为黏合剂。

（四）网络直播形态

网络直播，顾名思义是"在网络上进行直播"或者"网络上直播的节目"。在媒介融合时代，传统媒体+互联网，将新闻、体育、综艺等电视节目融入网络。后来，社会化媒体也竞相参与其中。相比之下媒体直播更能产生优质的节目内容。另一种是表演互动类直播，游戏玩家、个人在直播平台上进行电子竞技、秀场互动等表演活动。随着移动互联网技术发展和智能手机普及，此类平台更倾向于布局移动终端。

网络直播延续了电视直播的生命力，使得"直播"这一电视传播形式在媒介融合环境下依旧具备强大的生产力。网络直播是媒介融合的产物，也媒介融合为网络直播的兴盛提供了优质土壤。网络直播展示的内容，满足了受众参与并行空间与自身所处空间从未相交的感官体验，直播的多样性内容也能够加强这种体验感。网络新闻直播按照时效性可以大致分为三类：快直播，多用于突发事件，直播者需第一时间赶到现场；慢直播，一般指泛资讯类直播，时效性较弱，让用户融入现场；定制直播，多用于重大事件、策划直播，多平台同步直播。

（五）互动广告形态

在电视、电脑、手机等多种屏幕分散用户注意力的现实下，互动广告传播可让多种屏幕终端联合起来，极大地丰富了广告的表现形式，共同为用户打造全方位的互动体验。互动广告的表现形式更加新颖、多样、富有趣味性，在提供给用户更生动的视觉和听觉刺激的同时，提高了用户的参与性和体验性。互动功能带来的控制感和现场感，能使用户对产品或服务留下更加深刻的印象，有利于品牌形象的塑造和直接购买行为的产生。

第一，多屏互动。品牌商可利用多屏互动技术将移动设备、计算机、广告牌等进行连接，在不同平台设备上同时共享广告信息，打造全新的交互模式。例如可利用语音识别技术，帮助电视广告主将其在电视节目上投放的广告同步给移动终端用户，广告主可为用户提供该品牌产品的购买地址，也可为用户提供产品信息，邀请用户参与有趣的互动活动。多屏互动彻底颠覆了呆板单一的广告播放模式，让用户从单一的"看"广告变为主动的"玩"广告，同时它也为广告主带来了更多更新颖的产品推广方式和渠道。

第二，定位互动。以GPS定位技术为支撑的创意广告，在国外比较常见。品牌商通常将自身产品上的GPS与用户的手机GPS进行连接，创建品牌与用户基于本地的线下场景互动体验。

第三，增强现实与虚拟现实互动。应用增强现实与虚拟现实技术，为用户提供更加现实或还原现实的场景互动体验，带来更多新奇的应用和价值。用户通过运用新的手段，诸如摄像头互动，结合自己的肢体动作，在一种轻松活泼的娱乐环境中与品牌更近距离地接触，获得更加真实的体验。

三、网络媒体融合传播的发展

在网络社会形态下，媒介融合显示出以下发展趋势：

第一，参与式生产网络将重塑媒介内容生产方式，全民参与的社会化生产将代替封闭式的组织内部的专业生产。

第二，人际关系网络将成为媒介内容分发的主要渠道。

第三，良好的用户关系网络将成为媒体价值实现的关键。

第四，广泛的跨界合作和组织内部的网络化结构将成为媒介组织管理和创新的关键。

第五，媒介规制的建立将有赖于整个社会主体的共同参与。政府与企业、个体等应联合建立共同参与媒介规制的平台，致力于培育和提升市场主体的自治和自律能力，使媒介规制由行政主导的单一规制走向政府、企业与个体协同作战的联合规制。媒体转型的出路是将自身转化为关系网络中的管理者、组织者、引导者和调节者，在参与社会关系塑造的同时，为平等、对话性传播关系的建立构建良好生态环境。

第四节　移动媒体融合 传播

一、移动传播

互联网给了媒体内容生产与传播前所未有的空间，移动端新媒体的强势生长，正加速着传统媒体的解构与重构，推动着媒介融合进入深水区，从

"相加"迈向"相融"。移动媒介的存在,诞生了移动传播的传播形式。移动传播是在移动互联网的发展和智能手机的普及条件下产生的,主要标志是用户通过智能手机等移动终端生产、传递和接收信息。

(一)移动互联的新思维

移动传播中的"移动"不仅仅指诸如手机、平板、电子阅读器的特殊设备,更重要的是用户与设备共同组成的社会情境,是一种跨越物理的、社会互动语境。的移动传播,即基于移动媒体的传播,是通过各种移动平台,在用户之间、用户与网络之间进行信息交换的传播过程。

移动传播是基于互联网、智能终端及应用软件之上的个性化、定制化、社交化的传受模式。移动传播中媒介融合是必经过程。移动传播融合各种传播模式的诸多优势,协同社交与移动的优势,成功吸引了庞大的移动社交用户群。移动传播具有生产多元化、传播即时化、社交互动性高等特点。它依托移动互联网与移动终端,是实现信息实时共享与交换的传播行为与过程,在这个过程中,实现了传者、受者与媒介的空间可移动性,使信息随时随地个性化传播移动传播强化人际关系,又通过"人际"关系加强社会关系在网络空间的再脉络化,提高用户参与共享积极性,拉近人与人之间距离的同时,也开始塑造着公众的表达、交往与行动,成为大众传播的传者的有力补充。

在移动媒体时代,移动设备由于其便捷性及终端的完善,在任何时间、随时随地、用户之间都有可能建立联系。传播主体的消解打破了信息生产的专业化,继而形成用户"去中心化"思维。出于某种共同的目的,庞大的用户群可以在瞬间形成一个团体,移动设备为这些庞大用户的"崛起"提供了强大的力量。受众既可以选择信息、评价信息,又可以参与信息的生产,从被动接收信息到渴望掌控信息。

(二)移动场景化融合传播

场景成为继内容、形式、社交之后媒体的另一种核心要素。场景有多种语境下的具象描述。场景是一种典型的空间描述,在相对固定的地点,时间、人物、事件等信息元素可进行多种组合。在电影、电视和戏剧等专业传播形态中，场景是构成剧目叙事的重要单元；在日常生活中，场景是进一步泛化的情境描述，常用来指代某些具有特别意义的事件；而在数字化设计中，场景是虚拟呈现最为核心的构成要素。

在移动互联融合媒介时代，场景为移动时代媒体的新要素，广义的场景同时涵盖基于空间和基于行为与心理的环境氛围。场景在移动互联网络的应用，得益于众多传统领域与新兴信息传播技术的融合创新。移动互联网络造就"内容稀缺"的开始与"通道稀缺"的终结。以用户为中心形成的关系网络则在丰富的应用场景中，借助社交本地移动的社交化、本地化和移动化深刻改变了信息网络用户的行为习惯和传播模式。移动化是社交本地移动场景的技术基础和重要保障，在社交本地移动场景的构建中，移动化更为强调的是人与物的连接。

二、移动媒体融合传播的形态

（一）移动社交

移动媒体无限扩展着传播信息的能力，社交媒体的普及让人们认识到一个现实，传统的大众传播模式已经被解构，任何传播，一旦脱离了"社交"这一环节，将很难实现较高的到达率——社交网络成为传播过程中的重要节点。

通过消除时间和空间上的限制，移动传播技术极大地方便社会活动的协作与人际关系的维持手机的使用者已经将手机视作与他人联系的重要工具，并填补了电子媒介造成的面对面交流的人际互动鸿沟现阶段手机的无处不在已经逐步取代了过去的社交方式。现阶段，手机的功能多样，随着移动互联网的高度渗透，用于人际交流的移动通信方式已经由"通话和短信"的组合转向"通话和网络"的搭配。移动传播所带来的另一个问题是，突破地理间的限制将会极大地丰富移动传播的前景。不仅仅是个体自身可以在任何地方使用手机进行通信活动，通信活动的另一方也可以在任何地方接收信息及咨询。

移动传播中泛社交化的强关系使网络与社交软件之间产生黏性，帮助传者在互动中培育稳定受者社群，形成小集体拟态环境。无论是互联网还是手机，这些技术的采纳已经通过新形式的协作、关系表达、社会联系改变了整个社会图景。移动传播已经成为加强社会网络关系间联系的有效资源对重塑社会凝聚力和社会资本具有重要意义。

（二）移动新闻直播

在移动化、智能化、交互传播信息的当下，移动新闻直播成为实时传递现场信息、营造共时空语境、搭建社交场景的主要形式。移动新闻直播作为时下信息传播的重要形式，在承继电视直播实时性、现场感特点的基础上，呈现全新的传播语态和样态。

移动新闻直播则具有"随时随地随机互动"的特征，特别是在突发性事件中，移动直播具有时效性、现场感、冲击力。视频之外，图片、文字、图表等多种形式还能以信息流方式不断更新事态进展，并且辅以VR、H5[①]、弹幕等技术功能，提升用户的互动体验效果。当前资本和技术涌入直播行业，移动新闻直播也呈现市场化媒体、传统媒体、媒体等多主体竞争格局。整体来看，与秀场直播的自媒体相比，拥有专业新闻团队的媒体机构所开展的移动新直播更具新闻媒体属性，具有专业性强、行业门槛较高的优势。

（三）移动广告

"随时、随地、随身"是移动互联时代的标记，移动终端成为精准定制互动广告传播平台，重构了广告传播的生态环境和信息空间。用户可以通过手机等移动终端，由"人随网走"为"网随人动"，在任何空间实现信息与服务的接收和消费。因此，信息从网络传播升级为移动传播，用户的空间观念也从"在线"转变为"在场"。移动互联网的技术更新和屏幕革命使得广告的跨屏传播更加现实，移动终端的用户至上和情境优势使得广告效果的高度匹配更为可行。移动互联网平台不但具备相关性和时效性，还增加情境性。移动终端的随时性占据着用户的更多注意力，广告媒体需要从多屏转为

---

① H5又叫互动H5，是指在智能手机可以播放Flash的移动端上呈现的，可以达到Flash效果（如各种动画，互动）的，用于广告、营销的，具有酷炫效果的网页。

跨屏，通过各类移动应用形成跨媒体的整合效应。传统媒体与移动互联网的跨屏，可以开发出移动报刊、移动阅读、移动视频等应用。

（四）移动应用

传播新闻媒体和门户网站是用户获取新闻的主要渠道，随着移动互联网用户规模的扩大，用户上网行为逐渐由PC端向移动端迁移，新闻类App和社交平台成为网民获取新闻最主要的途径。例如，以智能手机APP客户端为主要形式的移动网络电台，主要包括综合网络电台APP和传统广播电台APP，依靠其便捷化、个性化特点，满足用户的独特需求，在移动互联网时代更好地发挥声音"伴随性"的媒介特性。

三、移动媒体融合传播的发展趋势

网民个人上网设备进一步向手机端集中，移动互联网塑造了全新的社会生活形态，潜移默化地改变着移动网民的日常生活。不同的国家、地区纷纷尝试移动传播，推动移动传播的发展。

第一，移动化成主流传播范式。移动互联网的发展变革在于新闻生产和传播流程的再造以及民众新闻媒介消费习惯的重塑。21世纪以来，由于网络和手机的陆续普及，个人信息的发布渠道总体趋向多元。大众传播开始分层，信息选择的多元和个人化媒介时代的到来，使得公众成为意识形态、资本之外建构信息传播世界的第三种力量。在这样的语境中，单一的新闻事实，经由多种媒介的共谋及追踪报道推动，就会造成拥有轰动效应、大量影响社会建构的媒介事件。

第二，"社交+内容+服务"的产品模式。社会化媒体凭借独特的传播优势颠覆了传统的以信息传播为主的传播模式，正在建构着新型化媒介系统。在移动互联时代，媒介从传播中介向交互信息平台转变，传播内容由专业机构生产到用户创造分享，受众由被动引导到积极参与。用户分享成为参与新闻生产的主要动力，通过再生产与再分发使内容在其社交网络中实现扩散，"内容为王"仍是价值所在。通过开发多样化的服务产品以增加内容产品附加值，以服务助推新闻传播。

第五章　媒介融合下的"新闻+政务+服务"模式

第一节　"泛内容"发展新定位下的"新闻+"战略

"新闻+政务服务商务"正在成为主流媒体推进媒体深度融合的主要运营模式。"在'泛内容'发展新定位下，'新闻+'战略应运而生，新型运营模式遵循整合资源重启用户连接的底层逻辑，通过植入市场基因激发媒体创新活力，同时强调社会效益与经济效益的有机统一。"①

主流媒体需强化用户运营，提升平台应用实效，创新体制改革，突破运营难点，实施品牌战略，拓展变现渠道，加强央地联动，共谋融合发展，以期更好地应用"新闻+"模式，适应媒体深融时代的新要求。

一、整合资源，重启用户连接

整合就是要优化资源配置，就是要有进有退、有取有舍，就是要获得整体的最优。资源整合是指企业对不同来源、不同层次、不同结构、不同内容的资源进行识别与选择、汲取与配置、激活和有机融合，使其具有较强的柔性、条理性、系统性和价值性，并创造出新的资源的一个复杂的动态过程。

随着媒体融合的纵深发展，其运营模式也在不断地发生改变，从消费型的工业模式转变成为生产与消费相融合的模式，媒体服务将用户放在了主

---

① 黄楚新，吴梦瑶 . "新闻 + 政务服务商务"运营模式探析 [J]. 视听界，2021（05）：5.

导位置上，在深度融合时期，媒体要加强对用户的维护。根据媒体的资源优势，建立合适的商业模式，将"全面一体化发展"作为发展前行的引领者，将"泛内容"作为根本的手段，重新整合不同媒介形态的融合，包括媒体信息融合、政务信息资源（从社会各个方面收集到的信息）、服务资源及商务信息资源，持续打通资源共享通道，不断开发拓展固有的业务区域，实现资源整合，包括资源集约化、资源整合化及资源规模化。

此外，"新闻＋"模式还要建立、建好用户连接，这是推动媒体深度融合发展的必然选择。当"新闻+政务服务商务"模式运行时，需要辨明立场观点、进行思想引领，需要主流媒体持续不断聚集用户、留下用户，进一步提升权威性，承担起引领思想的责任。

二、植入市场基因，激发创新活力

据了解，新成立的增城区融媒体中心将有效整合增城日报社、增城电视台、增城广播电台、增城之窗网站、"全镜增城"APP客户端、微信、微博等各类媒体资源，通过组织机构、生产流程、体制机制、人才资源等方面的深度融合，协调推进、一体发展，推动新闻宣传工作的高效运转。增城区融媒体中心目前拥有集策、采、编、发、评、效于一体的新闻采编技术平台，能够实现"一次采集、分类制作、多元传播、立体覆盖、有效应用"的融媒体采编流程，并开发了"阅增城"APP，以"新闻服务+政府服务+群众服务"模式引导群众、服务群众。

目前媒体融合正处于起步阶段，国家大力推动媒体融合发展，积极树立主流媒体在国际上的影响力。党的十九届四中全会提出，截至2035年，基本实现国家治理体系和治理能力现代化。现如今，媒体机构处于营收窘迫阶段，打破这种僵局的关键点是通过大范围的探索"媒体+政务服务"模式，以城市智慧化建设为突破口，充分利用政务网络大数据资源，加快建设新型治国理政的媒体融合服务平台，以服务化来实现转型的价值变现。而将"商务"纳入"新闻＋"模式，就意味着主流媒体将与市场经济接轨，在竞争激烈的媒体市场中，我们需要转变传统的思维模式，寻找出能满足当今新媒体发展规律的新路径，使资源配置效率最大化、提升自身的商业价值。随着信息网络传播手段的多样性，媒体渐渐地演出层出不穷的功能，催生出了多种多样的盈利方式。在保证做好优质新闻内容的前提下，再加上"政务服务商务"，这种运营模式是主流媒体在未来发展的新趋势，将商业化植入整个媒体运营体系中，从而达到重塑经营管理流程的目标。当下，媒体与市场机制的衔接是主流媒体未来发展的必然趋势，要想在市场中站稳脚限，就要不断地进行思考与创新、不断地探索与发现，保持活力、持之以恒地走下去，组建一批能禁得住市场考验的新型主流媒体。

三、社会效益与经济效益的有机统一

社会效益是指最大限度地利用有限的资源满足社会上人们日益增长的物质文化需求。社会效益是指项目实施后为社会所做的贡献，也称外部间接经济效益。经济效益，是通过商品和劳动的对外交换所取得的社会劳动节约，即以尽量少的劳动耗费取得尽量多的经营成果，或者以同等的劳动耗费取得更多的经营成果。经济效益是资金占用、成本支出与有用生产成果之间的比较。所谓经济效益好，就是资金占用少，成本支出少，有用成果多。经济效益是评价一项经济活动是否应进行的重要指标，提高经济效益对于社会具有十分重要的意义。

"新闻+政务服务商务"模式从字面上理解，就是以前者新闻为基础，围绕新闻进行拓展延伸。主流媒体要将自身具有的本职优势充分发挥出来，其次寻找"政务、服务和商务"与新闻的连接点，将媒体的商业价值纳入到新型主流媒体的创建体系中。"新闻+政务"强调利用网络技术更好地为党政机关服务。

"新闻+服务"强调树立党媒在公信中的权威性。因此可以看出这两种模式更注重媒体对社会的影响力。然而，不同于以往的是，目前媒体更注重经济利益，主流媒体急切需要利用已经搭建的平台整合各类社会资源，围绕能够获取盈利的点来进行媒体融合。因此，在目前的市场机制下，"新闻+政务服务商务"的融合模式已经逐步进入变现阶段，更加突出"商务"的价值。此处的"商务"，可以包括媒体向商务领域提供的各种间接服务，也可以包括媒体参与和运营的商务项目的直接服务。媒体融合打通线上与线下，连通内容、服务与市场，开发用户、客户价值，从而实现社会效益和经济效益。

第二节　"新闻＋政务服务商务"模式的创新尝试

一、南方模式

以南方报业集团的实践为例来了解"南方模式"。南方报业传媒集团由《南方日报》及其创办的系列报刊发展而来。《南方日报》1949年10月23日创刊于广州。在半个多世纪的发展历程中，南方日报以其不可替代的权威性、公信力和高品质的主流新闻和深度报道，确立华南地区主流政经媒体地位，是广东唯一主打高端读者群的权威政经大报。南方报业传媒集团的前身为南方日报报业集团，于1998年5月18日正式挂牌运作。2005年7月18日，南方日报报业集团更名为南方报业传媒集团。南方报业传媒集团将建设成为一个现代化的传媒集团。集团致力于推进体制创新，优化集团组织架构和战略管理体制，实现"控之有序，分之有度"的集团化管理目标。同时还积极探索资本运营模式，以各种方式加快发展对外合作。

南方报业集团的"南方＋"客户端从2015年开始探索搭建，产品维度不断丰富，积极发挥自身职能，拓宽业务边界，丰富自身业务模式，提升抗风险能力，并打造、构建社会服务能力。南方报业经过数年的媒体融合实际践行，"南方＋"客户端已经覆盖了教育、招聘、看展服务；以文化创意、扶贫、帮助农民的自有电商平台等品牌的持续累积，使得"南方＋"的新闻客户端成为一种全新的主流传媒。

（一）"南方＋"的定位与优势

第一，定位为综合服务平台。区域性主流媒体打造的新媒体平台的新闻内容资源不仅远远比不上国家级媒体打造的新媒体平台，更难以望互联网巨型新媒体平台的项背,而为了吸引和沉淀更多的用户,区域新媒体平台就需要定位为综合服务平台来提供基于本地区域的深层次、多样化、个性化的服务。"南方+"客户端就定位为综合服务平台,以新闻舆论引导服务为核心,以各类政务服务为拓展,以各式各样的市民服务为主体,这种综合服务平台的定位既像互联网巨型平台的生态系统化运营,但又不像互联网巨型平台拥有如此之多的用户、资源,而核心就是深耕本地区域市场,做好各种各样的服务,为本地用户提供高质量的用户体验。

第二,充分利用制度化优势。区域主流媒体尤其是党报在当地拥有独特的政治地位,这种制度化优势带来信息发布权、大数据资源、资金支持等稀缺资源,能够有力地帮助区域新媒体平台的打造。"南方+"客户端就较好地利用了南方日报的制度化优势,并成功把制度化优势转变为资源、资金、政策等优势,为自身的升级之路提供强劲的资源支持。对于区域新媒体平台来说,能够把制度化优势转化为资源等优势,将是决定其能否成功打造的关键前提条件。

(二)"南方+"的一体化

第一,传播力大幅度提升。一是实现了主流传播的百万+、千万+、亿+;二是平台总发稿量已超过260万条;三是新媒体产品生产近3000件;四是直播超过6600场。

第二,经营收入快速提升,净利润过亿元。在传播力、影响力年年攀升的同时,南方+客户端的市场竞争力也显著增强,经营收入快速增长。从商业板块分析,房地产类、综合消费类、金融保险类占据前三位。从投放需求分析,信息流、直播、频道共建、创意推文、焦点图创意广告、开屏(贴片广告)占据前六位。从产品形态分析,增长幅度较快的是开屏广告、贴片广告、视频广告、新媒体创意广告。

(三)"南方模式"的社会服务职能扩展体现

"南方模式"扩展其社会服务职能的成功之处,主要体现在以下三个方面:

第一,权力的内涵。在平台的建设中,始终坚持"省级权威手机发布平台"的责任，坚持主流价值观，努力打造权威内容生产与传播平台。

第二，为人民谋福利。注重民生，以政务服务、版权保护服务、"＋"系列服务、教育服务等为群众服务，并与当地传媒携手，积极履行服务职能。

第三，整合资源。将南方传媒集团的优质媒体资源进行整合，采取联合采编、策划、联合供稿、"南方＋"综合宣传的内容开放制作方式，同时调动传媒、医疗和教育资源；要充分利用自己的科技力量，充分发挥政府新媒介的整体力量。"南方模式"注重以客户为导向，注重对客户的经营进行规划，充分运用多种渠道的优势，形成不同的品牌；在"新闻＋政务服务商务"的探索中，开创了一种具有特色的"平台"式传媒体系，具有一定的参考价值。

二、人民日报模式

（一）人民日报模式

人民日报社是中共中央直属事业单位和中共中央的新闻机构，实行编委会领导下的社长负责制，内设机构主要有办公厅、总编室、广告部等。人民日报是中国第一大报，1992年被联合国教科文组织评为世界十大报纸之一。人民日报社是中央的新闻传媒，它在传媒整合的过程中一直处于领先地位，并以"＋商务"的经营方式为先锋，进行着一系列的探索。

借助自身的影响力，人民日报以"高质量"引领"长尾"，以"深挖"带动"下沉"，以IP模式经营与跨界经营推动品牌不断突破。近年来，人民日报等新兴传媒相继与各类时尚品牌进行了跨越式的跨界协作，迎合了国内商品的消费需求，大力宣传"报款"商品，塑造了一个更为立体的品牌。人民日报淘宝新媒体商城也开始线上营业，以"文化IP"为中心，持续丰富其创意商品的形式；针对不同客户的不同需要，提供不同的服务。在央视媒介中，品牌化经营并非罕见，但是人民日报在"＋商务"的探寻中并未盲目追逐时尚，它总是以已经不再流行的报刊为中心，通过回忆唤起叙述，突破时空壁垒；以象征的方式阐释和再一次描述，以国民时尚为代表的大众消费方式，将其IP结合起来，将报刊文化的新时代内涵融入文化娱乐消费模式中，不断营造传媒打破圈子的效果。

第三节 "新闻+政务服务商务"模式的应用提升

日新月异的网络信息技术推动了新闻业态的升级焕新，在媒体融合的进程中，媒体机制、新闻内容、技术运用等方方面面都受到互联网的影响。互联网思维是把握互联网的发展规律，运用互联网的开放、平等的特点，推动资源共享，以用户为中心。积极地拥抱互联网，衍生"新闻泛内容"，革新生产关系，优化资源配置，才能实现"守正创新"的要求，完成新闻舆论工作的责任。

掌握互联网规律，探索互联网思维下的"新闻+政务服务商务"运营模式，可以提高主流媒体转型效率，推动媒体深度融合发展。"新闻+政务服务商务"的运营模式，是传统主流媒体融合转型的方向，也是互联网环境下主流媒体发展的必然要求。

一、以内容为核心，夯实基础

以内容为核心是围绕内容的生产和消费，搭建一个良性循环，从而持续提升各类对运营相关的数据，最终达成吸引流量、培养用户，实现转化的目的。

始终保持内容定力，专注内容质量，扩大优质内容产能，创新内容表现形式，提升内容传播效果，是对主流媒体的新闻生产、传播全流程提出的建议。内容是汇集注意力资源的关键，也是媒体的核心竞争力，更是互联网思维下探索"新闻+"的前提。"新闻+"的模式并非抛弃新闻一味扩张所加业务范围，主流媒体的第一要务仍然是做好新闻，做好舆论引导，做好舆论主阵地。

二、以用户为中心，拓展业务

新媒体时代，单一的新闻媒体形式已经不再适应当下媒体发展格局，用户的需求是个性化的，是日益趋向多元。作为使用者的用户，有权选择观看的内容，因此以用户为中心就是以用户数据为切入点，洞察、挖掘用户潜在需求，并以此展开进一步的业务拓展。

在媒体融合的大环境下，各级政府推出政务新媒体，以此来更好地联系群众，各大企业也考虑到客户的需求推出各类媒体账号，一时间，各类新媒体纷繁复杂，主流媒体在互联网时代无所适从。通过政务服务以及民生服务来拓展"新闻＋"业务是许多媒体首先拿来实践的思路。

"新闻＋"是考察到用户需求，切实为用户提供有价值的服务，实现通过新闻的引流作用。例如，"多彩云"打造的文旅OMO线上服务平台"多彩出游"，并非传统意义上的为贵州文旅做宣传，而是以用户为中心，考虑用户的需求以及体验感受，提供精准的个性服务。"新闻＋"并没有标准模板，媒体要结合自身发展情况，考虑当地用户的心理需求，经济发展环境等因素进行合理高效的开发与建设。

三、以平台为依托，优化资源

开放、平等、共享、协作是互联网比较明显且被大家公认的几个特点，这也恰好体现出一种平台思维。受到新媒体的影响，如今用户习惯于在同一个平台内获得多元信息，打造一个聚合多样信息、各种应用、功能的平台型媒体是顺应时代发展的有益探索。如"云上贵州多彩宝"对接全省政务，民生服务，聚集消费、金融、出游等多样服务，避免了同一服务多个端口的开发浪费和用户跳转的烦琐，精准链接，优化资源配置。

"云上贵州多彩宝"主要着力于运用互联网保障和改善民生，还未打通内容生产这一巨大能量的所有接口。互联网时代是一个以社交关系为内在驱动的时代，媒体与用户，用户与用户之间都有着强烈且紧密的联系。成熟的媒体平台不仅是一个内容的生产者，还是一个具有广域链接能力的资源者，平台作为信息中枢，同时拥有巨大的流量和优质的内容，发挥着信息资源互联互通的功能，庞大的用户和精准的大数据营销可以提高媒体影响力，打造出全新的媒体生态。

四、以市场为导向，增强自我提升机能

市场是各方参与交换的多种系统、机构、程序、法律强化和基础设施之一。以市场为导向，需要把准消费者的脉搏，用内容打出媒体影响力，用平台建设聚集用户，为主流媒体寻找社会资源、为经营打下良好基础。

基于大数据平台可以为用户提供更加精准的个性化服务。服务带来用户，用户带来数据，大数据带来大流量，大流量又会带来用户数量的快速增长，用户与平台的链接更加丰富多样，消费交互也逐渐紧密，最终实现平台经济的可持续发展。

"新闻+商务"旨在增强自我提升机能。主流媒体应灵活发挥数字技术优势，利用市场化手段实现媒体资源的价值变现，实现事业支持产业、产业反哺事业。一是探索叠加化发展路径。发挥主流媒体公信力和资源特色优势，借助自身IP，结合5G、大数据、VR等技术，打造"优质原创内容+增值服务"产业链，向电商、云直播、行业活动、文旅、教育、游戏等领域延伸，拓展运营空间，增强自我造血功能。二是拓展版权化发展路径。构建数字版权全方位保护体系，主流媒体应乘势而上，发挥区块链、AI等技术追溯查源的优势，搭建数字版权确权与交易平台，对媒体机构的版权、商标、牌照、专利、品牌、媒体数据等资产进行系统整理和确权，推进数字版权商用。三是创新科技化发展路径。依托媒体融合内容感知与安全湖南省重点实验室、新湖南云等平台，加强对新技术、新场景的研究应用，开发自主创新的平台型、数据型、软件型产品，培育孵化新业态。

五、以发展为主线，培养全面人才

在推动"新闻+"运营模式的实践探索中，"人"是决定性因素。要大力培养全媒体人才，实行更加积极、开放、有效的人才引进政策，提高主流

媒体人才吸引力和竞争力。在推动媒体深度融合的进程中，全媒型人才一直是最为紧缺的一环，培养既懂媒体运行逻辑又拥有互联网思维，既有采编实力又掌握互联网运营技巧的全媒体人才是媒体保证良好发展的首要任务。

主流媒体应该设立有效的人才激励机制，适当改变现有的人才选拔形式，助力全媒体人才培养，为新型主流媒体建设和运营模式创新提供人才支撑。平台的建设水平直接影响媒体的服务功能，因此需要搭建媒体自己的平台，将核心技术掌握在自己手中，平台的开发、运营、维护工作均由集团内部团队完成。只有技术与内容需要紧密联系，深入融合，才能更好地服务用户。

第六章　全链条媒体深度融合发展

第一节　构建全媒体传播体系，形成四级融合发展布局

一、全媒体传播体系构建

全媒体传播体系①主要包括全员媒体、全程媒体、全效媒体及全息媒体四个部分。全媒体传播体系和之前的全媒体所代表的含义是不一样的，全媒体传播体系着重突出了体系的含义，它和之前的单一全媒体载体所进行的相对丰富的形态传播是不同的。全媒体传播体系注重从整体全局的角度对不同的媒体进行协调，让不同的媒体之间相互配合，进而获得理想的媒体传播效果。换句话说，可以将全媒体传播体系看成是不同媒体之间结合之后而发展起来的一种全媒体传播形式。

对全媒体传播体系进行分析时，可以将其理解成一个可以覆盖所有地方基层的传播格局，在多种形式的媒介及多种媒体载体的配合下，舆论可以向固定的方向发展，并且逐渐覆盖到所有的领域。资源集约需要将融媒体中心资源平台的作用充分发挥出来，让各项资源集聚，以此来让资源发挥出更大的作用，让资源更好地服务于媒体传播。除此之外，全媒体传播体系还对结构进行了科学的优化，在整合原有平台结构的基础上，通过优化结构的方式

---

① 全媒体传播体系不是单一的内容或介质体系。微观而言，它是融合了"产品＋平台＋用户＋服务"的多维度多层次复合体系；中观或宏观而言，它是不同媒体机构的产品、平台、用户、服务各自相对优势共同构筑的综合体系。整体来看，这一体系不是市场化集团化改革时期的"一业为主多种经营"式的以经济效益为主要目标的信息传播体系，而是通过更深更广更贴近的服务创新来实现以社会治理为引领的具有浓郁公益色彩的价值传播体系。

让结构布局更加合理，以此来减少成本支出，提升平台性能。全媒体传播体系注重差异发展，注重突出不同媒介的传播特点，不同媒介之间可以以互补的方式彼此互助，共同发展。在不同媒介的配合下，舆论可以发挥宣传引导作用，舆论可以助推社会治理得更好发展。此外，全媒体传播体系还体现出了协同高效的特点，不同的社会力量可以共同参与到社会治理过程中，而且在媒介众多的情况下，不同媒介所承载的信息也可以充分结合，可以说，在全媒体传播体系建设完成之后，它发挥了巨大作用，提高了社会治理效能。

例如，浙江省在省域全媒体传播体系的构建过程中，加紧谋划布局，基层方面迅速推进实施，顶层设计与基层实践创新齐发力，全媒体传播体系建设走在全国发展的前列。

（一）全媒体传播体系建设的特色

1. 融媒升级，创新机构改革和平台建设

2020年，浙江省首次推出了省级社会治理融媒云，浙江省融媒云的特点是可以综合对浙江省的政法体系账号进行监管。借助融媒云政府，部门工作人员可以对政法资讯展开全面的实时监测，浙江省在构建社会治理融媒云的过程中，考虑了政法单位提出的构建需要，在此基础上设计出了基本的底层架构，并且明确设置了各种各样的应用板块。构建出融媒云之后，政法单位可以对政法工作进行垂直管理，也可以更好地和其他政府部门进行沟通合作。可以说，它的出现打破了之前的数据壁垒，显现出了融媒矩阵所具有的集群效应。媒体融合发展有助于全媒体传播体系的更好发展，也能够推动社会治理向更深的层次发展。浙江省构建出的融媒云为全国范围内其他省份政法工作的开展提供了示范作用。

2. 打造"媒体+"，融媒科技提供智慧服务，多种形式参与社会治理

借助融媒平台构建出可以和媒体融合发展的融合服务。政府可以将新闻、政务消息上传到自由媒体平台，并且借助自由媒体平台的作用在全社会范围内为百姓提供生产服务、生活服务、社区服务、城市治理服务。

瑞安市融媒体中心在构建和发展的过程中，借助社会资源，联系国有企业及其他的民用资本，在此基础上打造出了智慧社区平台。该平台让各级政

府部门之间实现了有效联通，同一个级别的企事业单位之间可以借助平台展开有效联系，人民群众可以借助该平台获取各种各样的便民服务。可以说，瑞安市借助融媒体中心能够更好地打造智慧城市，构建智慧社区。

瑞安市都市快报推出了线上互动活动，即民意直通车，通过该活动，政府工作部门可以了解人民群众的想法，并且根据人民群众的想法解决问题，按照人民群众的意愿推进相关项目的建设。至此，城市建设、城市治理就形成了一个闭环，可以说科技和政府工作的结合有效地做到了民意收集，并且推动了工作的在线开展，为人民群众提供了在线服务。

3. 创意互动，凸显用户思维，优化引导模式

全媒体传播借助虚拟现实、增强现实等相关技术为用户提供了更丰富、更立体的视觉体验，用户可以在更真实、更有互动感的情况下获取图文信息。浙江法制科技有限公司还专门开展了虚拟现实数字展厅项目，它们搭建了数字展示平台，并且在平台中展示了党政工作取得的工作效果。

4. 影音直播，创新实时新闻实践新方式

2020年，浙江人民日报开展了西湖水下世界慢直播活动。该活动是我国媒体首次对西湖水下世界进行长时间的实况报道。借助于该活动，人们可以打破物理空间的壁垒，了解西湖水下世界。浙江人民日报在推出该活动之后，人民群众对西湖的好奇、对西湖的向往之情得到了极大的满足，浙江人民日报在提供慢直播的情况下，还联合浙视频为人民群众提供小屏直播。可以说，浙江人民日报在新媒体移动直播领域进行了很多方面的创新，让人民群众体验到了全新的媒体方式。

（二）全媒体传播格局的对策建议

1. 优化区域顶层设计，厘清省市县三级融媒的上中下游关系

想要形成全媒体传播格局，建设者必须对全媒体传播体系有全面系统的了解，建设者必须弄清楚省级、市级及县级之间的融媒体关系，只有弄清楚不同级别融媒体中心之间的关系，才能将各个融媒体中心的职能范围明确下来，才能清楚其具体的职责，全媒体传播体系才能更好地构建。

（1）县级融媒体中心的特点是有较强的区域性特征，可以借助新闻、

服务、政务相结合的优点，为人民群众提供便利性、基础性、常规性的服务。县级融媒体中心可以联系群众，和群众建立密切的关系，让群众变成平台的忠实使用者。县级融媒体中心主要负责提升用户的稳定性，让用户更依赖融媒体中心平台。县级融媒体中心处于下游地位，县级融媒体中心应该筛选本土地区优质的农产品，并且将农产品放在平台上售卖。对于县级地区来说，可以借助农业助推经济的发展，提升本地区在省内及全国范围内的知名度。

（2）地市级融媒体中心应该致力于为城市居民提供基本的政务服务及民生服务，与此同时，还应该做好中游部分的工作，发挥自身在新闻生产方面的优势，创作出更生动、和人民群众生活更贴近的特色新闻。地市级融媒体应该聚集地区的新闻资源，并且将这些资源提供给省级媒体平台，为省级媒体平台工作的开展提供基本数据。地市级融媒体提供的数据有助于省级融媒体做出更贴近人民生活的新闻报道。

（3）省级融媒体平台应该发挥自身在资源、人才、科技等方面的极大优势，做好舆论引导工作。省级流媒体平台应该宣传国家政策，及时跟进重大事件，并且为地市级县级融媒体平台工作的开展提供指导、提供经验。省级融媒体平台应该将数据资源合理的转化成产业发展的优势资源。除此之外，省级融媒体还应该开发周边产品，开发其他具有附加价值的产品，为自身发展创造更多的经济来源渠道，这样才能摆脱单纯依赖广告获取经济收入的限制。

2. 立足本地实际，拓展区域融媒体平台创新

（1）从用户的角度出发，生产用户需要的内容，以此来获取竞争优势。在全媒体时代，想要处于不败之地，媒体必须生产出有新意的内容。虽然在时代发展变化的情况下，媒介的发展也出现了变化，但是，无论是哪个时期，对于媒介来讲都是内容为王。虽然传播方式发生了巨大的变化，技术水平有了极大的提升，但是媒体想要生存和发展，仍然需要以内容为基础。只有内容足够优秀，媒体才能在快速发展的全媒体时代成为发展中的佼佼者。县级融媒体中心必须做好内容审核工作。

在报道融媒体新闻的时候，应该尽可能地让新闻报道关注具体事件，尽可能少地报道政府领导召开的会议，应该报道与区域发展、民生或者突发事件有关的新闻。记者应该走入一线，走到群众当中，掌握一手资料，这样人民群众才能感受到新闻媒体对社会民情的关注，人民群众的想法和意见才能有反馈渠道，人民群众才能感觉自己亲身参与了社会治理。除此之外，报道还应该注重新闻的特色化、多元化，应该避免新闻内容的同质化。

（2）完善和优化人才引进政策、人才激励政策，优化资金管理，提升市场运营能力。当地政府应该招聘高层次人才，出台有吸引力的人才引进政策。只有创建一支人才队伍，融媒中心才能更好地发展。县级政府还应该选择优秀的决策管理人员，在优秀的领头羊的带领下，融媒中心才能更好地运转，才能不断地进行创新，加强管理。政府可以在一定程度上借鉴企业及公司使用的管理方式、考核方式，制定出更有吸引力的激励政策，激发工作人员的积极性、主动性。政府应该定期对人才进行培训，组织人才进行工作方面的交流，提升人才的新闻采写能力。与此同时，也要加强业务部门工作人员的培训，整体提升融媒体平台的业务运营水平。除此之外，县级融媒体平台也可以和高校建立合作关系，以吸引更多的人才。

融媒中心最终的发展归宿是市场化。所以，融媒中心必须提升自身能力，加强市场化运营，这样融媒中心才能从多个渠道获取收入，才能像企业和集团一样开发出多种盈利模式。

现在很多地区的融媒体中心的发展在很大程度上仍然需要依赖政府提供的资金补助，在这样的情况下，融媒体中心应该科学合理地利用政府提供的经济补助，让资金发挥最大效用。举例来说，融媒体中心应该先让资金解决人才问题、设备问题、场地问题、技术问题，应该让所有的资金都花在迫切需要建设的地方。

（3）立足于本区域，在此基础上向其他区域拓展，建设融合品牌。区域融媒中心的打造需要考虑本地区的实际需要，在此基础上进行建设。如果区域融媒中心的建设急于求成，直接照搬其他区域的成功方法，没有结合本地区的实际情况，那么最终可能事倍功半。想要构建出优质的融媒体中心，需要结合具体事件了解本地区的社会特点、地理特色。其他地区的成功模式在本地区不一定可以复制、推广。县级政府在打造融媒体中心的时候，需要考虑本地区的发展重点、本地区要达到的发展目标，然后，在此基础上构建出实际的建设计划。

未来，融媒体传播可能会向着跨区域的方向发展。举例来说，在长三角地区，浙江、上海、江苏就通过合作的方式建立了长三角新传媒联合体，该联合体立足实际，在此基础上进行跨区域传播方面的实践。浙江人民日报集团在自身的客户端当中除了报道本地新闻之外，也会对其他省市地区的新闻进行报道，并且设置专栏。这种跨区域的新闻报道方式加强了新闻之间的联动，实现了舆论的跨区域引导。除此之外，也满足了人民群众对周边事件的好奇心理。

对于县级融媒体中心来讲，应该始终以自身影响力的提升为基本的发展线，其他方面的提升如技术的提升都只是为融媒中心发展提供外在助力。融媒中心只有提升自身的影响力，才能吸引用户、留住用户，加强自身和用户之间的黏性。只有做到了以上几点，融媒中心才能发挥自身的舆论引导作用。

3. 保持技术敏感，寻求跨界合作，坚持效果导向

在各种技术出现并且快速发展之后，媒介发展越来越依赖移动传播，媒介领域已经形成了基本共识，那就是应该优先发展移动传播。在传统媒体向全媒体转型的过程中，存在某些方面的技术短板，在这样的情况下，必须提升技术水平，注重对新技术的开发和应用，这样先进科技才能和优质内容充分结合，科技才能真正助推内容的传播，也只有这样，才能构建出数字智能平台媒体。

各地区的政府可以和高校及科技公司达成合作关系，以此来借助它们的技术支持构建出智能化的全媒体平台。现在我们已经进入了一个万物皆是媒体的时代，信息快速传播，各地区在发展过程中，也应该乘上技术发展的快车，让人工智能技术和新闻报道进行充分的结合，让新闻报道各个环节都可以借助技术的支持更好地发展。在技术引入之后，媒体发展可以使用"媒体

+"的运营模式，这样媒体可以更好地引导社会公众，形成正确的价值观，可以更好地在社会范围内传播主流价值观。而全媒体传播格局的构建除了要注重传播平台的搭建之外，也应该借助其他社会商业平台的支持，这样才能更好地构建出属于本区域的融媒传播品牌。

全媒体传播格局的构建还需要增强效果，只有传播效果得到有效增强，主流媒体才能发挥自身的舆论引导作用。当下媒体发展不能只关注收视率，还应该构建出更系统、科学的效果评估体系。融媒体平台在建设过程中，除了强调内容之外，还要注重对内容的评估传播，不能站在传播者的角度，而应该从用户的角度出发，使用用户的思维去创新新闻产品。与此同时，还要调查用户对新闻产品的满意程度。从本质角度分析，只有用户接受了新闻信息，媒体才能形成更大的影响力。

融媒中心的建设符合当下的网络发展趋势，它是国家治理体系建设的一部分，融媒中心的建设使用的是民主化建设方式、现代化建设方式，建设的目的是加强政府的社会治理能力。借助于全媒体传播体系，政府和民众之间有了新的交流渠道，政府和民众可以通过交流达成很多与社会治理有关的共识，与此同时，政府也可以真正吸纳社会力量，邀请更多的社会力量共同参与社会治理，真正实现社会治理主体的多元化。

二、完善推进四级融合布局

我国媒体在融合方面的探索最初开始于20世纪90年代，也开始进行了一段时间的自主探索、分散探索。在实践探索之后，人类已经渐渐了解到了整个行业的发展趋势、发展规律，国家开始从战略层面为主流媒体的融合探索明确方向。

建设全媒体传播体系需要不同级别的主流媒体积极参与，积极合作。而且在建设的过程中，需要遵循协同高效原则、差异发展原则、资源集约原则、结构合理原则，这样才能打造出更加完善的中央、省级、市级以及县级联合的融媒体发展格局。

央级及省级媒体应该站在战略角度、顶层角度，综合利用自身的资金优势、技术优势及政策优势搭建平台，助推媒体融合向更深的层次发展。与此同时，央级媒体及省级媒体还应该为下属市级媒体、县级媒体平台的发展提供技术方面的指导，帮助下属区域完成平台构建，完成资源整合，这样才能在全国范围内打造出一张各地区相互连接的媒体网络。与此同时，中央媒体或省级媒体应该为下属地区的媒体融合提供具体的经验支持、案例支持。举例来说，中央三台在进行合并的过程中，使用的组织架构调整方式、人才流通方式、机制改革方式都可以成为市级媒体、县级媒体融合实践方面的参考范例。

市级媒体及县级媒体属于下级媒体，它们应该根据中央媒体及省级媒体作出的指示发展。它们在全媒体传播体系构建中也要承担属于自己级别的任务。在所有的级别中，县级媒体需要最大程度地开展融合实践，借助实践解决全媒体传播体系构建的问题。与此同时，县级融媒体中心也需要整合实际的信息，和人民群众构建联系，打好全媒体传播体系建设的基础。所有级别的媒体在未来的发展过程中都应该关注国家提出的社会治理目标，在该目标的指引下，将媒体发展和区域治理结合起来。县级融媒体中心是和人民群众联系最为紧密的融媒体中心，所以，县级融媒体中心应该找准自身定位，积极构建可以助推社会治理现代化发展的智慧平台。

第二节　全力打造传媒生态环境

传媒生态系统就是以传媒产品生产和传播为核心的相关要素的组合，是在一定的时间和空间内，人、媒介、社会与自然之间通过物质交换、能量流动和信息交流的相互作用、相互影响而构成的一个呈动态平衡的有机统一的整体。人、媒介、社会、自然是构成媒介生态系统的几项基本要素，媒介生态系统是四者相互作用形成的物质流动系统和能量流动系统。目前，中国传媒业正经历着从内向型向外向型，从公益型向经营型，从事业型向企业型转变的过程，可以说，我国传媒业发展已经到了关键时期，如何保持传媒业可持续发展①显得意义重大。

一、传媒内部生态环境可持续发展

（一）传媒内部生态环境的构成因素

种群是指在一定空间范围内同时生活着的同种个体的集合群，是生态系统中生物组成的基本单位。在传媒内部生态环境②中，处于信息传播活动相同位置的具备相同功能的单个传播要素可被视为媒介生态种群，相同种群或不同种群之间以及种群与环境之间相互联系和协调，进行能量与物质的交换传递，就构成了媒介群落。

第一，传者种群。传者即传播者是传播活动中最为关键的部分，是传媒产品内容的生产和加工者。传者种群位于传播生物链的起点，在大众传播活动中，传者种群既可以是记者、编辑、节目主持人、新闻评论员，也可以是报社、杂志社、出版社、电台、电视台或网络等传播组织。

第二，营销种群。传媒经济是一种"眼球经济"，在传媒产业由事业型向产业型转变的过程中，传媒业要靠自身的经营才能获得长远的发展。优质的营销种群除了让媒介产品满足受众种群的需要外，还要考虑到个人、媒体、社会和自然的长远发展，立足整体利益奉行"绿色营销"，实现媒介与社会的可持续发展。

第三，媒介种群。作为传媒内生态系统中的一个种群，媒介是指介于传者和受众之间，用以负载、延伸和传递某种特定符号的物质实体，它可以是报纸，也可以是电视或广播等大众传播媒体。目前媒介种群主要有印刷媒介、广播媒介、电视媒介、网络媒介及手机媒介等，媒介行业内部的竞争可以理解为媒介种群之间的竞争，媒介生态系统内各媒介种群为争夺、信息资源、受众资源、广告资源形成竞争。某一地区内媒介种群的密度常常会影响媒介种群之间的竞争，媒介种群密度越大，媒介种群之间的竞争就越激烈，

---

① 传媒可持续发展，是指在一定时空条件下传媒生态系统中各构成因子的结构与功能处于彼此适应和协调的动态平衡状态，并呈现出可持续发展的良好态势。

② 人、媒介、和自然之间的互动构成了传媒内部生态环境。

因此媒介之间的竞争最终会影响这一地域内媒介行业的生态环境。

第四，受众种群。受众种群位于传播生物链上最后一个环节，主要指报刊的读者，广播的听众，电视的观众以及网络的网民。传者种群加工过的信息内容经营销种群和媒介种群的发布，被受众种群接收，信息资源才转变成媒介产品。受众种群是传媒产品的消费者，传播符号的解码者，传播效果的反馈者。媒介种群往往根据受众种群的性别、年龄、文化程度、收入状况等因素对媒介产品进行定位，以期获得更好的传播效果。在媒介运营的过程中，受众种群也作为商品被媒介种群出售，吸引广告商，为媒介获得经济利益。

（二）传媒内生态与传媒可持续发展

传媒内生态对媒介产品质量、媒介发展水平、运行方式、媒介资源的整合、传媒效益的发挥都有着不可忽视的影响，注重传媒内生态的平衡是实现传媒可持续发展的基础。

1. 传者生态决定了传媒产品质量

传者生态是指媒介为媒介组织从业人员提供的职业环境。传者种群是将信息资源转变为传媒产品的直接加工者，传者的政策水平、职业素养、价值观等都会影响传媒产品的质量，而传媒产品的质量好坏则会受到消费者——受众种群的评判，在一个市场化的产业环境里，消费者是主宰媒介种群生存或灭亡的法官。传者种群必须尽最大努力打造优质传媒产品，牢牢抓住受众种群的"眼球"。良好的传者生态需要媒介管理者精心地营造，主要包括人才的选择、任用和培养，媒介人才管理应该立足长远的规划，实行循序渐进的步骤，形成人才选用和发展的良性循环。

传媒企业应该为传播者提供优良的工作环境和成长空间，营造良好的传者生态，就能够激励媒介员工的工作积极性，生产优良的媒介产品，这对传者而后传媒企业来说是双赢。

2. 营销生态决定了传媒市场定位

媒介营销种群与传媒市场之间的互动形成了营销生态。营销种群在传媒市场上负责媒介营销，营销生态包括营销种群的业务水平、媒介种群之间的竞争关系、营销种群与媒介种群之间的互动等。良好的营销生态是营销种群、传者种群、受众种群三者之间形成的动态平衡，即营销种群把受众种群的需要和传者种群的劳动成果——传媒产品有机地集合起来，成功地形成一条完整的传播生物链。营销种群的素质和专业素养决定营销生态的好坏，良好的营销生态下，营销种群应该是以专业的眼光和素养为传媒企业进行详细的市场调查和受众分析，然后制定最优的市场定位和营销策划。

3. 受众生态决定了传媒市场需求

媒介与个人之间的互动构成了受众生态。在信息时代，受众往往通过报纸、广播、电视、互联网等大众传播媒介，遍知天下事。在媒介生态链上，媒介首先要从受众中采集信息资源，最后要通过受众反馈完成生态链的闭合循环，受众是媒介报道活动的起点和终点。

受众作为传媒产品的消费者，他们的需求、喜好是生产者生产的原动力。在传统的以"传者本位"为主导的传播模式转变成以"受众本位"为主导的传播模式后，受众这一种群在传媒生态的主动性备受重视。现代传媒已经逐渐关注受众生态的变化引起的传媒市场需求变化，关注受众生态有助于传媒及时了解市场，调整发展规划。

二、传媒外部生态环境可持续发展

（一）传媒外部生态环境的构成因素

人、媒介和社会之间的互动构成了传媒外部生态环境。经济、文化、技术生态作为社会生态的一部分，与传媒生态也存在互动关系。

1. 传媒外部生态环境的经济生态

经济环境与传媒生态系统互动形成了传媒种群的经济生态。经济环境主要是指一个国家或地区的社会经济制度、经济发展水平、产业结构、劳动力结构、物资资源水平、消费水平、消费结构及国际经济发展动态等。一个国家的社会经济运行状况及其发展变化趋势将直接或间接地对传媒产业的生存发展产生影响。社会经济的发展，为传媒提供了受众消费市场。只有经济水平提高了，老百姓的物质生活得到满足，才能将更多的精力和财力花费在精神生活上。经济水平与传媒的互动也体现在广告资源上，目前传媒产业脱离了财政拨款，实行自负盈亏，主要依靠广告收入维持正常运营。社会经济水平的良好发展会带动广告投放水平，给传媒业带来可观的经济收益，从而促进传媒业发展。

2. 传媒外部生态环境的文化生态

文化生态是某一特定人类社会在其长期发展历史过程中形成的，传媒业处在一定的文化氛围内，社会风俗和习惯、信仰和价值观念、行为规范、生活方式、文化传统、人口规模与地理分布等因素都直接或间接地影响着传播种群对传媒产品的生产及受众种群对传媒产品的接收与解读。传媒种群和营销种群应该认识并深入挖掘当地市场的文化底蕴，做到胸有成竹。

3. 传媒外部生态环境的技术生态

技术生态是指目前社会科学技术总水平及变化趋势。传媒产业发展史也是媒介技术发展史。传媒产品从采编到发行到被受众种群接收都离不开科学技术的支撑。新闻记者在采访中所用的录音笔、摄像机，编辑新闻要用的非编系统、后期制作设备，最后传播给受众要用到的报纸、广播、电视、网络的生成，这些都需要技术的支撑。当这些设备随着技术发展由落后到先进，传媒的生态格局也随之发生变化。媒介从业人员具备了更广阔的创作空间，媒介产品的质量有了显著提高，传播范围逐步扩大，传播效果更为明显。

新技术的发明改变了传播技术，传播技术进步能够迅速提高劳动生产率、降低物料消耗、节约生产成本，实现报酬递增。例如，报刊印刷上采用远程式传版技术大大增加了报纸的时效性、降低了成本，扩大了发行量，互联网技术的使用则可以迅速获取线索、收集资料、采访编辑，新技术的应用使传媒生产流程发生了根本变化。新技术的应用影响大众传媒的经营管理理念，流媒体技术、5G通信技术的发展使传统媒体走向媒介融合的时代，开始向集团化、多元化经营发展。总之作为信息产业的传媒业，技术生态上的改变对传媒产业生产和营销方式和盈利模式产生了深远的影响。

（二）传媒外生态环境与传媒可持续发展

任何产业都不可能脱离其他产业和社会环境而存在，使传媒产业更加不可能脱离社会环境的影响而独立发展，政治、经济、文化和技术生态环境上的变革对传媒产业的可持续发展具有重大意义。

1. 经济生态影响传媒发展水平

良好的经济环境能促进传媒生态系统的繁荣。经济生态环境对传媒产业的影响可以从宏观、中观、微观三个方面来分析。

（1）宏观。宏观的经济政策决定政府对媒介的经济政策，在国家推行计划经济时期，媒介财力上的支持完全来自政府财政，媒介产品属于自产自销，没有竞争的压力，媒介生态系统也就缺少了活力，这不仅造成资源和财力的浪费，还给政府造成了巨大的经济压力。实行市场经济体制后，竞争机制被激活，传媒的商品属性得到激发，传媒产业的经济效益也得到较大的提升。

（2）中观。中观的区域经济发展水平决定了媒介的经营水平，媒体所处地区经济发展水平越高，媒介发展则呈现繁荣势头。这说明，媒介经济必须以地方经济作为依托。

（3）微观。微观方面主要是指传媒产品的消费者（受众和广告商）的经济状况，在消费者经济状况良好的情况下，受众愿意在媒介产品上花费更多的金钱，广告商乐于在广告上投入更多资金。经济生态的三个层面是相辅相成的，有了好的经济政策才能促进区域和个体的经济水平增长，从而促进传媒经济发展水平。

2. 文化生态影响传媒竞争活力

传播媒介存在于一定文化背景的社会中，受特定社会文化环境的潜移默化的影响。媒介从业人员的思维模式和创作模式，也打上了所处文化氛围的烙印，并通过他们制作的媒介产品充分体现；良好的文化生态为传媒产品的生产和传播提供了肥沃的土壤，也为传媒的成长提供了良好的环境。目前，国家之间除了科技、经济、国防实力上的竞争，文化作为国家软实力的主要载体和具体体现，也成为国际竞争的主要手段和内容。

3. 技术生态影响传媒赢利模式

传媒产品是一种精神产品，从它的生产到传播到接收都离不开技术的支持。报纸需要录音笔、报纸编辑排版软件、印刷设备等，电视节目的制作需要摄像机、话筒、premiere和绘声绘影等编辑软件，电视节目的接收则需要电视卫星接收器、机顶盒、电视机等，无论是纸质传媒还是电子传媒，传媒产品的生成都离不开技术的支持。科技日新月异的发展除了革新现有传媒产品的生成方式以外，还催生了一批新新媒体，譬如计算机的发明催生了网络电视，手机技术的发展促进手机电视的问世，技术生态的改良已经改变了传播格局。目前，以数字媒体、网络媒体和移动媒体等为代表的新媒体技术迅速拓展着传媒市场，新的传播技术带来新的传播模式，而新的传播模式需要新的盈利模式来支撑。

在电话网、互联网、有线电视网"三网融合"进程逐渐加快的今天，以数字化、网络化和互动性为代表的新媒体技术对目前传统媒体的生存法则和生存格局造成了有力的冲击。新媒体突出的个性，极强的交互性，多样的表现形式博得受到受众的喜爱，无形中分流了传统媒体的受众，也侵吞了传统媒体的广告收入。一枚硬币有两面。在新技术给传统媒体带来挑战的同时，也给传统媒体带来了可持续发展的新机遇。随着技术的不断进步，拥有内容资源优势和基础网络资源的传统媒体，完全可以融合新媒体技术丰富现有的单一盈利模式，从目前数字电视、交互式电视、网络电视（IPTV）、手机电视的快速发展，就可以看出，传统媒体融合新媒体技术，探索新的盈利模式，才是传媒业的未来。对于单个媒介来说，关注所在行业的技术动态和竞争者技术开发及新技术应用的动向，才能保证与时俱进，在激烈的竞争中立于不败之地。

三、传媒内生态与外生态的互动

传媒内生态与外生态并不是孤立存在的，媒介生态系统作为社会生态系统的一个子系统，始终在进行着系统内外的物质能量交换。

（一）内部对外部生态变革完善的意义

传媒产品是传媒内生态的结晶，是一种特殊的产品，它产生于内部环境，又对外部环境产生影响。传媒产品的传播将关于政治、经济、文化和技术方面的信息在信息市场上售卖，政治方面的信息公开和讨论可以促进政治民主化进程，促进政策方面逐步完善，经济方面的政策可能会稳定投资者的信心，从而稳定了经济发展的趋势；文化上的创新可能创建新的文化产业盈利模式，技术方面的信息会带来人类生活的重大变化，在这个信息意味着商机的时代，传媒作为传递信息的媒介，在促进政治、经济、文化和技术的发展上的作用是不可低估的。

（二）外部对内生态功能实现的意义

传媒内部的生态因子是媒介运转的基本要素，对单个媒介来说，要保证媒介系统在社会系统内良好运行，首先得保证媒介产品的生产，媒介产品的生产又离不开良好的社会环境，从政治的稳定到传媒产业政策的稳定，从GDP的增长率到传媒产业投融资的增长值，从社会风尚到媒介组织的企业文化，从国家的科技水平的提高到媒介设备的更新换代，可以说，政治、经济、文化和科技对传媒业的影响是不可估量的。

人是社会性的动物，这强调了一个人不可能脱离社会而存在，而对于已经逐渐市场化的传媒业来说，就更离不开社会这个大市场，媒介产品从生产到一次售卖、二次售卖，都是在社会这个外生态环境中完成的。所以我们置换一下，也可以说媒介是社会性的企业。从这个意义上说，传媒外部生态因子促进了媒介、传者、营销、受众这些种群生态功能的实现。

第三节　打造融媒体时代的品牌传播

融媒体是把广播、电视、报纸等传统媒体和互联网新媒体进行全面的整合，充分发挥各个媒介的优势，打造"资源通融、内容兼融、宣传互融、利益共融"的新型媒体。融媒体的特点包括即时性、主动性、交互性、碎片化。

新闻品牌是新闻传播创新路径的主要措施，新闻节目做到品牌化，更能吸引大众。目前，融媒体时代到来，新闻的品牌效应更加明显，打造新闻品牌，让新闻传播路径能得到创新。品牌传播就是一个说服受众的过程，即传播主体通过媒体传播、口碑传播、销售促进、广告投放等形式各样的传播手段和路径，持续向目标受众传达品牌信息，或是直接交流，或是间接沟通，旨在促进受众对品牌的理解、认可、体验和信任，从而不断扩张品牌内涵，树立品牌形象，最终达到扩大品牌影响力、促进销售的目的。

打造融媒体时代的新闻品牌传播策略如下：

一、把握机遇，改变新闻品牌传播环境

第一，随着媒介融合的深入发展和县级融媒体建设的深入推进，建立自己的新闻融媒体中心宣传矩阵，如以QQ、微博、微信、网站、抖音等组成的新媒体宣传矩阵，会使新闻品牌传播的平台选择日益多样化。

第二，改变新闻品牌传播环境。融媒体时代的到来改变了新闻品牌传播环境。①从传播思维上看，必须转变品牌传播思维，受众经历分化再到聚合决定了品牌传播必须运用族群精众传播思维，场景时代的到来决定了场景传播成为必然，媒介融合的深入发展使得跨屏整合传播成为趋势。②从品牌传播技术上看，大数据与人工智能、5G技术和融媒体技术的发展丰富了新闻品牌传播内容的呈现。③传播平台的多样化为新闻品牌传播带来更多的渠道选择。

二、突出新闻品牌整体效应

第一，注重新闻质量。新闻的品质是新闻品牌传播的核心价值，其品质高低与品牌的管理水平密切相关。注重新闻质量需要严把源头关；抓好监督管理；积极报道新闻。

第二，明确新闻品牌定位。根据市场格局确定细分的读者群，并针对目标受众确定自身新闻品牌定位。好的品牌定位将品牌的功能与受众的心理需要连接起来，并在受众头脑中创造差异化优势，形成内容和服务的独立特色，并对其新闻品牌留下深刻的印象。

第三，突出新闻品牌形象。新闻品牌形象是新闻竞争较量的一个重要筹

码和有力武器，良好的新闻品牌形象不仅能够满足受众的心理需求，而且还能让他们产生强烈的品牌的联想和审美体验。如突出品牌标识，从视觉识别的效果角度来看，新闻品牌标志在品牌传播和建立品牌资产的过程中往往起到关键性的作用，设计具有良好视觉效果的品牌标志识别是建立强势品牌的重要内容。

三、拓宽新闻的媒介平台渠道

第一，满足受众对个性化新闻品牌内容的需求。融媒体时代，"个性化"消费方式盛行，在大数据强大的记录、收集、汇总和分析功能支撑下，腾讯分析、黑石礁用户体验分析等工具应运而生。它们的广泛应用，让精准定位目标满足受众个性化需求变成了现实。

第二，满足受众通过APP获取新闻信息的需求。融媒体时代，随着移动互联网的盛行，移动APP逐渐得到广泛运用，成为一种新颖的新闻品牌传播路径，其目的在于为受众提供个性化的服务。移动APP具有互动性强、体验性深、动态现实等特点，吸纳了LBS、QR、AR技术成果，易于通过微信、微博、抖音等平台传播与分享新闻，传播方式以裂变式演进，给受众带来个性化的用户体验。

第三，聚合优势，文化融合发展。品牌文化，意为品牌特有的文化内涵和意义，彰显了一定的目的性。深刻厚实的文化内涵是品牌文化的核心支撑，为新闻品牌定位确立方向，在新闻品牌与消费者之间搭建情感之桥，使消费者从情感上高度认可品牌，创造品牌忠诚。

四、传播内容形式多样优化品牌内容呈现

媒介融合带来媒介内容的多媒体化，信息内容的呈现也就更加多样化，从而也就增加了内容的丰富性与深度。在搭建了完整的融媒体组合传播矩阵的基础上，新闻品牌内容的呈现也由此更加多元化，如本地电视台的新闻报道，充分利用了传统媒体的专业性、权威性和在内容上的优势，新闻报道以文字形式的品牌内容呈现也加深了品牌内容的深度。同时还包开设的抖音、

微博、微信等新媒体官方账号的宣传，充分利用了视频传播的趣味性、低门槛性和传播的快捷性，实现了新闻品牌内容从传统电视媒体到手机移动端的跨屏整合传播，从而延伸了品牌传播的覆盖时间和空间。

融媒体时代，新闻品牌传播交互性增强，新媒介技术赋权于民、移动互联网的快速发展使得用户也能参与到新闻品牌传播过程中，新闻品牌传播主体可以依据用户的反馈，调整新闻品牌内容和传播方式，将新闻品牌传播内容制作成用户想看和爱看的内容，提升新闻品牌传播内容的个性化、参与度，引起用户的兴趣与共鸣，从而培养用户的品牌情感，颠覆传统媒体时代人们对广告的认知。

融媒体时代，新闻传播可以建立"融媒体中心"，打造新闻品牌传播矩阵，实现新闻品牌内容的分发投放。通过全媒体品牌传播，充分利用各个媒体平台的优势，扩大新闻品牌内容的到达率。新闻品牌传播在过程中既要充分利用微博、微信等社交媒体平台和今日头条等客户端，同时也不能忽视用户覆盖面较为广泛的传统的电视媒体，尤其是当地的电视台，因为在当地权威性较高，观众的忠诚度更强，利用观众的忠诚度在电视媒体投放广告宣传进而可以培养观众对品牌的信任感。同时，还要注重加强与消费者的互动，注重消费者反馈，培养用户的品牌情感。

第四节　虚拟现实技术下的新闻传播发展

一、虚拟现实技术下的新闻传播发展

虚拟，表示的是虚假的、编造出来的意思，而现实表达的含义却完全与之相反，意味着真真切切存在的意思。虚拟现实新闻是指VR（VirtualReality）新闻，是将VR技术运用到新闻报道中的全新新闻传播形式，VR新闻强调沉浸性。

（一）虚拟现实新闻的产品形态

VR技术不仅具有沉浸性，还具有想象性。以VR技术为基础，VR新闻产品形态与传统的新闻形式如报纸、广播、电视等相比，在各方面都拥有很大的优势。就视觉效果而言，VR新闻产品不仅具有自主性还具有沉浸性；就主题选择战略而言，视觉化、深度化是VR新闻产品的鲜明特点。

1. 产品性能优化提升

新闻产业正沿着全面化、深层化方向发展。这正是得益于VR技术在新闻行业的广泛运用。随着VR新闻产品性能的不断提高，其在视觉效果和事情叙述上的优势得到充分发挥。人们通过新闻报道不仅获得了信息，还拥有更加形象地切身感受，以及更深入的感官体验。这些是以往的视频新闻所不能给予的。

（1）全景呈现客观真实。传统媒体的画面和视角都比较固定，从而限制了视觉呈现，降低了用户的视觉感受满意度。为了向用户提供更多的信息内容，增强用户个性化视觉体验的客观真实感，VR新闻突破固有传统媒体的限制，360° 全景呈现图片或者视频内容。

用户通过VR新闻的360° 的全景展现，可以全面获取新闻场景中的各种信息，以便于对现场情况做出更加贴合实际的客观评判。用户通过使用转换画面角度功能，既可以进行个性化新闻场景的空间选择，又可以查看新闻内容的细枝末节。

（2）第一人称叙事增强沉浸感。叙事采用"第一人称"能够让人产生身临其境的深层次近代入感。VR新闻就是以"第一人称"为叙事方式。因此，用户可以通过观看VR新闻，获取真实生动、正确的新闻现场信息。

在观看以"第三人称"为叙事方式的传统新闻时，用户是以一个"新闻路人"的视角去了解整个新闻事件，缺乏深层次的代入感。在VR技术打破新闻产品固有壁垒后，VR新闻让用户拥有了前所未有的感官综合体验。用户可以以"第一人称"的角度亲临新闻事件现场，从"路人"转变为"目击者"，仿佛本身现在就是置身于新闻现场，从而产生强烈的感情共鸣。

第一，VR新闻之所以能给用户带来"亲临"新闻现场的综合感官体验，主要包括：①在进行图片、视频制作或者表述新闻事件时，"第一人称"视角是VR新闻的首选方式。"第一人称"的叙事方式容易让人产生很强的现场带入感。②VR新闻具有360°全景呈现的优势，可以将本应该存在于"远处"的景物转移到用户的"眼前"，从而缩短新闻现场与用户的距离。③丰富立体的新闻画面能给用户带来较强的视觉冲击力和画面震撼力，从而使原本枯燥乏味、严谨的新闻事件变得生动丰富。这更能引起用户的关注，增强观看欲望。VR新闻使用户"亲历"新闻事件，新闻事件具有了"生命"。

2. 报道选题的视觉与深度强化

（1）报道选题倾向的视觉强化。VR新闻对新闻选题报道价值的判断标准除了传统的新闻价值标准之外，还增加了视觉呈现效果的判断。VR新闻最大的优势在于通过独特个性化视角将新闻事件或新闻现场表述得淋漓尽致，特别是在报道突发灾难事故、各种文娱活动或者特殊社会环境问题等选题时，VR新闻能够给用户深层次沉浸式的视觉体验，并且能让用户产生感情共鸣的优势就会得到最大限度的发挥。因此，在新闻选题的内容和类型方面，VR新闻生产者着重关注报道的视觉效果。

（2）报道选题倾向的深度强化。相对复杂的制作过程导致VR新闻在时效性上相对普通的文字新闻而言有所不及。为了弥补这个不足，主流媒体在制作VR新闻时，首先在选题上更倾向于可进行深度挖掘的新闻选题，其次大部分报道采用具有一定故事性的解释性报道，或者采用新闻纪录片类型，最后报道篇幅相对较长，例如将一个新闻主题设为专题式报道或者针对一个新闻选题进行系列报道。

在报道重大事件时VR新闻报道选题的深度性表现尤为突出。新闻报道的篇幅长度也再次体现了选题的深度化特性。

（二）VR新闻的传播方式形式的多元化

1. 游戏元素的视觉效果增强

作为VR技术沉浸性中的一小部分功能全景图片、全景视频在VR新闻中应用甚广。在新闻制作过程中，主流媒体尝试着将游戏元素加入VR新闻中，以寻求创新VR新闻的传播形式。游戏元素的加入，也能更好地发挥VR

新闻的"感情共鸣"和生动表现力，使用户得到更好的视觉体验感受。

主流媒体近年来一直在各领域进行VR新闻的实践。在游戏领域，VR新闻的发展有了一定的收获。VR新闻与游戏领域的融合可谓是强强联合，其中，VR技术具有品牌公信力以及视觉表现力，游戏领域具有较强的传播表现力，新闻报道不乏真实内容。三者结合后，用户被代入游戏的情节、角色，"置身"于新闻场景中，"亲身经历"新闻报道的内容，从而加深对新闻背后含义的理解和价值判断。用户体验感具有了娱乐性和互动性，VR新闻也会因此产生具有持续性的吸引力。

2. 直播形式的实时互动

时效性对于VR新闻来说是一个短板。这是因为技术标准高，制作流程复杂。在互联网技术的发展大军中，直播技术异军突起，在媒体报道中颇受青睐。VR新闻融合直播领域成为目前主流媒体新的尝试。两者结合后，借助于直播领域的传播优势，VR新闻不仅提高了制作效率还增强了传播时效。这也可以说，时效性对VR新闻的限制度在一定程度上有所降低。随着用户需要的不断提高，时效性和视觉体验备受重视。具有时效性优势的直播技术与具有感官体验优势的VR新闻的融合，在信息传播领域内起到了十分重要的作用。

用户通过观看与直播融合后的VR新闻，能够更深层次地浸入新闻内容中。信息的交流互动以及各方面的信息反馈，使信息传播方式更具人性化、新闻的互动效果得到增强。作为实现新闻在制作和传播过程媒体多元化所走出的关键一步，主流媒体将全景VR新闻以直播为载体表述新闻。这次尝试融合了VR新闻的视觉传播成效优势和直播在时效性以及互动性上的优势，为VR新闻的未来发展奠定了基础。

（三）虚拟现实新闻的发展建议

1. 丰富报道形式与题材

要想使VR新闻的内容范围更广，就可以采用丰富报道形式与题材的方法。相关的新闻媒体必须以用户为中心，考虑用户的需要，选择用户感兴趣的题材类型，提升新闻的广度，使新闻内容更加丰富多彩。一方面，可以加入一些题材较为严肃的硬新闻，研究时政这一题材的表达方式；另一方面，可以适当加入一些场面宏大、对视觉冲击感强、较难触碰到和无法模仿的相关题材，可以采用VR的形式来报道，这一类型的新闻题材更能引起人们的兴趣，使人们产生强烈的好奇心，并获得一段独特的感受经历。

目前，VR新闻这种报道的形式，有形式单一固定化以及缺少交流互动的缺点，所以在丰富报道题材的时候也要注意报道形式的拓宽，长期使用全方位全景的新闻报道容易使用户眼睛产生一种疲劳和厌倦，VR新闻可以与直播这一手段相联合，使其通过直播的形式呈现出来，此外，还要注意场式报道方式的丰富性，从而改善VR新闻交互性差的问题，使用户有沉浸式的体验。另外，技术引进之后，要更进一步开拓适应于各种报道方式的新闻题材，丰富报道形式与题材，两者相辅相成，找寻这些不一样的新闻题材最合适的报道方式，例如文化艺术类型的新闻可以采用VR直播新闻的方式来报道，时政类型的新闻可以采用场式新闻的方式来报道等。

2. 实现报道故事化

要考虑用户的多样化需要，选择用户感兴趣的新闻题材类型，这是吸引用户注意的首要步骤。要想使用户在看到新闻时耳目一新、吸引用户较长时间的注意力，就需要研究新闻应该具备怎样的价值及作用，包括新闻创作的是否精确优良。

目前，对新闻价值的评价中，及时、快速依旧作为评价的标准之一。在VR技术初步推广，技术还没有成熟时，篇幅较短，内容较为平淡以及报道速度快的新闻还无法通过VR技术很好呈现，VR新闻应更加注重报道内容的深度，选择具有深刻社会意义的新闻内容来进行深层次的报道，注重当前社会人们普遍关注的焦点话题及热点话题，考虑当中所蕴含的价值。深层次的报道需要对发生的事件深入考察，从而获得更大的空间给VR新闻进行创作，当然，用户在新闻资料之中了解了相关的情况之后。也会自愿地提供更深层面的事件内容。同时，VR新闻还可以试着采用解释性报道与调查性报道到报道形式，利用自身能够基本再现现场的技术可以使解释性报道变得生动真实，如身临其境，而不是通过枯燥的文字来解释，同时还能把相关的数据及背景内容通过立体的方式在制作的场景中体现出来，用户通过多个维度的视角角度去了解新闻，这大大地提升了新闻内容的深度和立体感。

创作深层次内容的报道时，也要重视报道的手段与形式，精细的VR新闻会更容易获得大众的认同。VR新闻因为其技术优势，会较多地运用再现现场的形式来进行新闻报道，这容易导致报道缺乏故事化，用户对新闻的理解只能浮于表面，没有真正带动用户的感情，无法随用户得到一种沉浸式的体验，要想使这种状况得到改善就必须实现报道的故事化，这一方面有利于使所呈现的内容更加具有可读性，更加有趣；另一方面，VR技术场景再现的方式使用户如身临其境，有强烈的代入感，报道实现故事化可以激发用户的感性心理，两者一结合，用户就能如临现场般去体会新闻报道中人物的真实感受，促使新闻报道更接近大众，更具有个性。

这种情节故事化的报道方式也可以在时政类与社会民生类的新闻报道时采用，在事件中选择典型代表，注重故事中细节的刻画，表现人物心理感受，恰当安排相关故事情节，使戏剧性能够更好呈现，同时，和VR新闻所具有的交流互动性的表现方法以及多维度叙述故事的手动完成新闻内容的创作与报道，如此用户能够更多地理解新闻所表达的深刻内涵，更能身临其境，有强烈的代入感。

3. 规范新闻伦理与标准

新闻内容的创作必须要在系统的道德伦理的规范下运行，VR新闻发展过程中所带来的一些违背道德伦理的问题必须引起注意。相关传播人员也要提高自己的道德素质和新闻素养，与此同时确定VR新闻在技术层面和内容层面上的相关标准，使其创作在规范的道德伦理中进行。

（1）制定新闻法规。

第一，出台有关VR新闻发展的政策和法律法规。虽然娱乐新闻可以很好地再现新闻事件的场面，使用户如身临其境，但是同时用户的隐私也依然需要保护。所以，国家出台相关政策和法律法规使网络环境更加安全，使用户的心理能够健康发展。

第二，提高传播人员的道德素质和新闻素养，新闻可以给用户带来沉浸式的体验，能够促进用户之间的交流和互动，可与此同时，传播人员隐藏在背后，很难被人知晓，使得其在网上的一系列操作不留痕迹，而用户却暴露在VR新闻的虚拟环境中，情绪很容易受到影响，也就是说传播人员始终控制着用户对新闻的感受和想法，因此提高传播人员的道德素质和新闻素养迫在眉睫，传播者必须承担起作为媒体人员的相关社会责任。

（2）规范VR新闻生产。在技术层面的要求，为了适应创新的需要以及试产对新闻标准的规定，国家已经对VR新闻相关模拟现实的设备工具和相关软件的功能的标准进行了讨论和分析。

在内容创作层面上，未来的相关媒体企业都必须确定VR新闻创作的标准，对VR新闻的概念有准确性和真实性的认识，对新闻立场的正确性以及操作过程的全面详细。VR新闻改变了以往传统的故事化情节结构，这对原来新闻价值的体现会带来影响，当前VR新闻在内容制作上因不断通过实际操作去开拓新道路，从而在新闻界中大放异彩。

参考文献

[1]张学霞.媒体融合背景下宁夏新新媒体传播网络发展研究[J].北方民族大学学报，2022，（03）：132-139.

[2]苏燕，张璐.5G融媒体时代品牌传播策略分析[J].包装工程，2022，43（08）：363-369.

[3]肖珺.元宇宙：虚实融合的传播生态探索[J].人民论坛，2022，（07）：40-44.

[4]邓雁京.把握"新闻+政务服务商务"创新着力点——无锡广电集团推进媒体融合发展[J].中国广播电视学刊，2022，（03）：106-108.

[5]郑思，张琦.县级融媒体中心"新闻+政务服务商务"实践探索[J].青年记者，2022，（04）：74-75.

[6]郑满宁.元宇宙视域下的新闻产品：社会动因、实践模式和理念变革[J].中国编辑，2022，（02）：76-81.

[7]陈昌凤，黄家圣."新闻"的再定义：元宇宙技术在媒体中的应用[J].新闻界，2022，（01）：55-63.

[8]李彪，高琳轩.新时代卓越新闻传播本科人才培养：现状、问题及优化路径[J].中国编辑，2022，（01）：41-46.

[9]李良荣，魏新警.论融媒体时代新闻传播复合型人才培养的"金字塔"体系[J].新闻大学，2022，（01）：1-7+119.

[10]张蓓.媒介融合环境下媒体公信力的影响因素分析[J].学海，2021，（06）：114-120.

[11]陈昌凤.数据主义之于新闻传播：影响、解构与利用[J].新闻界，

2021，（11）：4-13+31.

[12]常江.数字时代新闻学的实然、应然和概念体系[J].新闻与传播研究，2021，28（09）：39-54+126-127.

[13]潘为英.把报纸做成全媒体产品——探索媒体融合中的纸媒转型路径[J].青年记者，2021，（12）：59-60.

[14]刘霞.机器智能生产：媒介智能融合的溯源、特征与伦理挑战[J].中国广播电视学刊，2021，（05）：16-19+64.

[15]温洪泉.关于"传媒+交通"跨界融合的思考[J].青年记者，2021，（04）：58-59.

[16]王源.媒介融合视域下中华优秀传统文化具象化传播创新研究[J].东岳论丛，2020，41（12）：45-51.

[17]杨谷.5G+直播：探索网络媒体"新闻+政务服务商务"的运营模式[J].传媒，2020，（22）：14-16.

[18]卜宇.融合传播：复杂博弈及未来趋势[J].人民论坛·学术前沿，2020，（19）：78-87.

[19]孙玮.论感知的媒介——兼析媒介融合及新冠疫情期间的大众数字传播实践[J].新闻记者，2020，（10）：3-14.

[20]强月新，孔钰钦.新文科视野下的新闻传播人才培养[J].中国编辑，2020，（10）：58-64.

[21]张华麟，田丽.传统媒体融合发展效果评估的实证研究[J].出版科学，2020，28（04）：62-74.

[22]方兴东，钟祥铭.中国媒体融合的本质、使命与道路选择——从数字传播理论看中国媒体融合的新思维[J].现代出版，2020，（04）：41-47.

[23]陶建杰，林晶珂.技能、知识与素养：中国新闻传播本科人才的培养现状与现实回应[J].新闻与写作，2020，（07）：5-14.

[24]胡翼青，李璟."第四堵墙"：媒介化视角下的传统媒体媒介融合进程[J].新闻界，2020，（04）：57-64.

[25]王辰瑶.新闻创新研究：概念、路径、使命[J].新闻与传播研究，

2020，27（03）：37-53+126-127.

[26]廖志华，李开林，范霞，等.媒体融合新时代支持广播电视发展财政政策研究——以广西为例[J].地方财政研究，2020，（03）：70-76.

[27]王金辉.报纸美术编辑如何适应媒体融合新环境[J].青年记者，2020，（05）：45-46.

[28]甘世勇，舒咏.融媒体广告的品牌传播取向[J].现代传播（中国传媒大学学报），2020，42（02）：133-136+154.

[29]林小勇.当前广播电视媒体融合发展现状与趋势[J].中国电视，2020，（01）：62-66.

[30]林萍.网络舆情传播的媒体差异化融合探究[J].青年记者，2019，（35）：4-5.

[31]严功军.走出思维困境：媒介融合的认识论反思[J].现代传播（中国传媒大学学报），2019，41（11）：23-26.

[32]武慧芳，王婕."业余化"：县级媒体融合的群众路径[J].青年记者，2019，（30）：57-58.

[33]屈云东.媒介融合下的视觉跨媒介传播及其动力模式[J].吉首大学学报（社会科学版），2019，40（06）：136-142+151.

[34]喻国明，曲慧.边界、要素与结构：论5G时代新闻传播学科的系统重构[J].新闻与传播研究，2019，26（08）：62-70+127.

[35]杨斌艳.媒体融合中的平台与媒体：不可回避的真问题[J].青年记者，2019，（18）：14-16.

[36]赵京梅.广播电视主流媒体融合模式探析[J].中国广播电视学刊，2019，（06）：59-61.

[37]房瑗.从"传播仪式观"看自媒体品牌传播策略——以微信公众号"概率论"为例[J].青年记者，2019，（08）：93-94.

[38]强月新.媒介融合背景下的新闻传播人才培养[J].人民论坛·学术前沿，2019，（03）：30-37.

[39]张静.媒体融合背景下广电媒体组织调整的困境及路径研究——以J

广播电视集团为例[J].西南民族大学学报（人文社科版），2019，40（01）：152–157.

[40]简姿亚，薛其林.媒介融合趋势下湖南省高校学报建设路径研究[J].长沙大学学报，2011，25（03）：107.

[41]张滨铄，王军.软、硬新闻不同播报语速的成因——以CCTV新闻频道实证研究为例[J].青年记者，2018（35）：64–65.

[42]陈一骅.媒介融合背景下融合新闻传播效应与策略微探[J].北京印刷学院学报，2021，29（07）：37.

[43]杨晓雷.媒体融合视域下报纸转型策略探究[J].记者摇篮，2022（04）：30.

[44]黄楚新，吴梦瑶."新闻+政务服务商务"运营模式探析[J].视听界，2021（05）：5.